中外文化文学经典系列
中考语文阅读必备丛书

水浒传

导读与赏析

主　编　常汝吉　李小燕

本册编者　王忠亚

现代教育出版社
Modern Education Press

图书在版编目（CIP）数据

《水浒传》导读与赏析 ／ 王忠亚编 ． —— 北京 ：现代教育出版社，2018.1

（中外文化文学经典系列 ／ 常汝吉，李小燕主编．初中篇）

ISBN 978-7-5106-5562-3

Ⅰ．①水… Ⅱ．①王… Ⅲ．①阅读课－初中－课外读物 Ⅳ．① G634.333

中国版本图书馆 CIP 数据核字 (2017) 第 265837 号

《水浒传》导读与赏析

主　　编	常汝吉　李小燕
出 品 人	陈　琦
选题策划	王春霞
本册编者	王忠亚
责任编辑	魏　星
装帧设计	管　斌　刘祎迪
出版发行	现代教育出版社
地　　址	北京市朝阳区安华里 504 号 E 座
邮　　编	100011
电　　话	(010) 64251036（编辑部）
	(010) 64256130（发行部）
经　　销	全国新华书店
印　　刷	北京佳信达欣艺术印刷有限公司
开　　本	710mm×1000mm　　1/16
印　　张	9
字　　数	200 千字
版　　次	2018 年 1 月第 1 版
印　　次	2018 年 1 月第 1 次印刷
书　　号	ISBN 978-7-5106-5562-3
定　　价	26.80 元

编　委　会

把灵魂滋养成晶莹剔透的水晶

——《中外文化文学经典系列》总序

每日里繁忙的学习工作、生活琐事，仿佛让我们心灵蒙上了一层厚厚的积垢，压得人喘不过气来。只有夜深人静之时，在桌前摊开一卷引人入胜的好书，心随书中的主人公一起，遨游在另一个世界中，才得以享受片刻的安宁。趁着这静谧的夜，我们的灵魂从容地沐浴着文学的菁华，慢慢地浸染、陶冶，终将滋养成一块晶莹剔透的水晶。

这就是经典名著的魅力——润物无声，如静水流深，温柔而有力量。

一、何谓经典

《现代汉语词典》上说，"经典"就是"传统的具有权威性的著作"。所谓传统，就是经过了历史的大浪淘沙，从千万著作中脱颖而出。经典作品往往通过作家个人独特的世界观和不可重复的创造，凸显出丰厚的文化积淀和人性内涵，提出一些人类精神生活的根本性问题。它们与特定历史时期鲜活的时代感以及当下意识交融在一起，富有原创性和持久的震撼力，从而形成重要的思想文化传统。

经典的文学作品一般具备以下四个特征：

首先，作品关注的是人类的终极问题，主题直击人性。就像《呐喊》直击民族性格的劣根性，《巴黎圣母院》用四个主人公来探讨外在美与心灵美的四种不同组合……经典的文学作品因其主题的跨时空性，而深受不同时期、不同民族的读者的喜爱，在时间的淘洗下历久弥新。

其次，经典作品的人物形象大多塑造得鲜活丰满，立体而有层次感。《三国演义》中的曹操，虽性情奸诈，但他一统天下、造福百姓的理想和抱负，又令人不得不钦佩。他既有礼贤下士的胸怀，又有借刀杀人的果决，还不乏对酒当歌的豪迈。他的性格多元化，是一个有血有肉、立体丰满的"典型"。

第三，经典作品的情节大都起伏跌宕、扣人心弦。《红楼梦》叙事宏大而巧妙，四大家族的命运、几百个人物的生活经历，以草灰蛇线、伏脉千里的形式，若隐若现，却又清晰可循。

第四，经典作品的笔触细腻，即便是环境描写，也无一处是闲笔。《雷雨》中暴风雨前压抑的气氛，为繁漪面对周朴园时的痛苦、与周萍的感情纠葛营造了绝佳的呈现背景。

二、为什么要读经典

经典文学名著虽然有诸多优秀基因，然而在资讯发达的今天，微信、微博、文化快餐比比皆是，连纸媒的生存都举步维艰，还有多少人能静下心来，读这些大部头的作品呢？甚至，有不少人质疑，今天读经典名著的意义何在？

愚以为，读经典可以让我们在这个喧嚣浮躁的时代，回归安静的思考。当今信息的碎片化，导致读者往往急于了解故事情节，缺乏深度思考，甚至简单片面地看待问题，妄下定论。而潜心品读经典文学作品，细细揣摩作品人物所承载的人性的真善美和假恶丑，会让我们看人、看问题更加全面深入，也让我们自己的灵魂丰盈、闪闪发光。

三、如何阅读经典

经典是在阐释者与被阐释文本之间互动的结果。正所谓"一千个读者心中有一千个哈姆莱特"，各个时代不同读者的解读，共同构成了经典作品独特而丰富的内涵。有些甚至形成了一种专门的学问，就如中国有"红学研究会"，英国有"莎士比亚研究会"一样。中学生阅读经典文学作品，除了自己用心揣摩原文之外，还应该多了解前代读者共性化、多元化的解读。只有这样，才能对作品有更全面的、多角度的理解。这也是我们编选这套丛书的目的——帮助初读经典的中学生们迅速入门。编者在选编文章时有意识地收录同一问题的各家之言，形成争鸣，让学生直观地感受到对于经典的一般认知和个性化解读共存。

让我们在前人的引领下，冲出迷雾，走入辉煌的文学殿堂，感受大师的风采，细品精美的文字所蕴含的丰厚内涵。

王富

捧读经典，打开启迪心智之门

中学时代，是一个人一生中重要的成长阶段。

成长需要阳光雨露、需要呵护与培育，因此，中学时代除了要完成学校课堂作业以外，课外阅读无疑是"雨露滋润"不可或缺的。课外阅读，不仅能让中学生启迪心智、开阔视野、积累知识，而且还是加强人文修养、提高综合素质的重要途径。

习近平总书记可以说是博览群书的楷模。他对读书有自己的独到见解，他说过：我年轻时读了不少文学作品，涉猎了当时能找到的各种书籍，不仅其中许多精彩章节、隽永文字至今记忆犹新，而且从中悟出了不少生活真谛。

读书固然重要，但读什么书更是关键。在浩如烟海的书籍中，中外经典名著无疑是书海中的璀璨明珠，是人类智慧的结晶。因此，读书就要读经典名著。从大量中外名人的成长经历中，我们知道阅读经典名著对他们所起到的重要作用。经典名著可以说是架起青少年与人类代代相传美好传统的心灵桥梁，通过对经典名著的感悟从而形成良好的语言与文字直觉，对提高青少年的表达理解能力更是大有裨益。

习近平总书记指出："文艺深深融入人民生活，事业和生活、顺境和逆境、梦想和期望、爱和恨、存在和死亡，人类生活的一切方面，都可以在文艺作品中找到启迪。文艺对年轻人吸引力最大，影响也最大。"

现代教育出版社根据中央关于"推广群众阅读活动"的精神，结合中学生的成长特点，经过与专家学者的反复研究及听取一线教学老师的建议，精心选编了这套《中外文化文学经典系列》丛书。

这套丛书所选取的名著，不仅仅是经过岁月的洗礼流传下来的文学精粹，也是国家教育部颁布的全国中高考语文《考试说明》中要求中学生必读和必考的书目。

　　打开这套书，读者会走近一个个文学巨匠、走进一篇篇文学名著，真切地感受经典。从《红楼梦》到《边城》，从《红岩》到《平凡的世界》，你会得到许许多多的人生感悟；会懂得许许多多做事和做人的道理；你会领悟到面对困境，要勇于拼搏、奋斗的精神……

　　跟其他文学经典选读本不同的是，这套丛书具有贴近中学生身心成长的实用性，它着眼于对中学生心灵的净化和思想品质的培养。这种文学名著的陶冶，能使世界观正在形成期的中学生，在文学的浸润中，得到正能量的潜移默化。所以说，此书的编者力求以多层面、多视角来培养学生用发散的思维理解这些经典名著。

　　读书的真谛是什么，只有在捧读经典中才能感悟。相信每个阅读这套丛书的读者，会在阅读中拉近跟名家的距离，从中得到许多历史文化知识，感知生活的真善美。一个人在成长的道路上，也许会对"心灵鸡汤"感到厌烦，但经典文学名著会打开另一扇启迪心灵之门，让你在寒冬里感受到春风，在黑暗中看到光明，在迷茫中发现希望。这种阅读的妙趣，也只有通过阅读才能体会到。

　　开卷有益。相信您会喜欢这套丛书的。

前　　言

打开一本书，就如同打开了一个世界，也许看到了一位沧桑的老人、一艘破旧的小船、一条干枯的大鱼；也许听得到古战场厮杀的刀剑声、深宅红楼内的嘤嘤呜咽声、旧中国知识分子胸腔里吼出的呐喊声；也许嗅出《海底两万里》尼摩船长灵与肉的焦灼、宇宙外空间传回的神秘讯息、异域国度中父与子骨髓里散出的铜臭味。多读经典名著，提升领悟要义的本领，为终身发展打下良好的精神底子，势在必行！

读万卷书，听万家言，行万里路，助推人格魅力形成，一群有梦想的编者们聚在一起，不仅打开一卷卷书，还把一位位大家点评、阅读融会起来，帮助读者走进书中的故事，揣摩语言的魅力，感受作品的深意，逐步形成个体的言语经验，在具体的语言情境中正确有效地理解、运用祖国文字进行交流与沟通。广泛地阅读，应该能获得对语言和文学形象的直觉体验，多维度地听取不同人的阅读心得，能够更加丰富文学形象的立体感，能够在辨识、比较、分析与归纳中，锻炼逻辑思维和批判性思维能力，从而使得"行万里"更加具有深刻性、灵活性、敏捷性、批判性与独创性。

2018年发布的中考语文《考试说明》增加了基础运用和阅读类样题，替换部分阅读和写作样题，明确提出要对经典名著阅读进行考查。北京卷语文学科《考试说明》中也增加了对阅读经典的要求，"附录"在保持原有"古诗文背诵篇目"不变的同时，增加"经典阅读篇目例举"；在现代文阅读和古诗文阅读中，提出"对中外文学经典""对中国古代文化和文学经典"的"理解、感悟和评价"。目的是推进名著阅读，加强正面引导。在基础运用板块中也融入名著阅读和课外文言文阅读;较之往年,今年的中考名著阅读板块的考查有四个明显变化。一是更加注重对整本书阅读效果的考查,例如,让考生从阅读过的一部名著中找出中心人物,并结合这本书说明这一人物在作品中是如何发挥中心作用的;二是注重考查对作品思想的认识;三是注重考查考生阅读名著后的个人感受;四是扩大名著阅读的考查范围,以往试卷一般仅在名著阅读板块涉及名著考查,未来在基础运用板块中也会对名著阅读进行考查,甚至在现代文阅读中也要求考生联系读过的相关文学作品作答试题。这都说明对经典阅读的考查内容进一步细化,主要包括:对作品基本内容、主旨或观点的整体把握;结合作品,对人物形象、思想内涵和艺术特色或表现手法的理解、分析;基于知识积累和生活经验,对作品价值、时代意义的感悟和评价;对古代文化经典的积累、理解和运用。这些都凸显了培养中小学生阅读能力和阅读素养在当下语文教学中的重要性。

为了提高中学生阅读经典的能力和文化素养,我们组织了北京的部分语文高级教师,从已经发表在核心期刊上的与此次所选篇目相对应的文献进行了认真、细致地挑选,秉着名师名家、名校名作;主题明确、观点鲜明;紧扣考点,通俗易懂;分析透彻、视角独特的原则,选编了这套《中外文化文学经典系列》丛书。

从中考语文未来考查形式而言,这些经典书籍的题目呈现方式多样、灵活,既可以表现在阅读类题目中,也可能是写作题目和基础运用题目中。对于授课老师而言,就要引导考生由"浅阅读"向"深阅读"的阅读习惯转变。所以我们在《中外文化文学经典系列》丛书的选编过程中,以全新的形式,独特的视角,用现代人的眼光和科学方法解读这些经典著作,本着客观、公允、多方位的精神,使学生受益,从而拉近经典著作和学生的距离,使他们能从多角度了解这些经典著作,引导和培育学生发散性和多层面的理解经典著作,使学生提高文学素养和阅读兴趣,让他们了解中外文化文学经典著作的深刻精髓,终身受益。

本书编写组

2018 年 1 月

目 录

◎ **经典回放·作品简介**

◎ **第一章　知人论世·作家印象**

◎ **第二章　他山之石·文章赏析**

❀ 第三章 奇文共赏·比较阅读

❀ 第四章 包罗万象·民俗文化

经典回放·作品简介

水浒传

内容简介：这部以农民起义为题材的长篇章回小说《水浒传》，取材于北宋末年宋江领导的起义，在宋元间著作《宋江三十六人赞》《醉翁谈录》《大宋宣和遗事》等材料基础上，结合有关水浒英雄的民间传说、话本和杂剧中的故事创作而成。通过对以宋江为首的农民起义的产生、发展和失败过程的描述，在一定程度上揭示了人民与统治者之间不可调和的矛盾，以及"官逼民反"的社会现实，展现了贫苦农民被迫拿起武器与官府斗争的复杂图景。但这种反抗又是限定在不危及宋王朝统治的框框里的，"只反贪官，不反皇帝"。

《水浒传》在艺术上具有十分突出的成就，人物性格刻画非常成功，故事性很强，语言通俗生动。对明清以来的戏剧、小说的创作题材和形式影响很大。李贽认为它与《史记》、杜诗等并列为宇宙内"五大部文章"；国外学者认为它与《三国演义》《金瓶梅》《红楼梦》为中国小说的"四大奇书"。原书已散佚。明中叶以来，一些文人将其增删和修改，出现了不少版本，流行的有120回本、100回本和70回本，以120回本较能反映原著全貌。

1949年后有多家出版社出版《水浒传》，其中有1954年人民文学出版社出版的由王利器、吴晓铃校勘，郑振铎标点的《水浒全传》；1981年北京大学出版社出版的由陈曦钟等辑校的《水浒传会评本》。另有多种外语译本传世。

　　知识来源：王余光，徐雁主编：《中国读书大辞典》，南京大学出版社，1999年。

四大名著依然值得读

肖斯塔

导 读

　　书，是人类的精神食粮。博览群书，自然能陶冶情操，开阔视野，增长知识。名著更是经过时代检验、淘洗的营养价值更高的精神食粮。阅读名著对中小学生更是至关重要！但读书有时并不像想象的那样简单，那么轻松和容易，它需要全身心地投入，在浩瀚的书海中寻觅，汲取并融会，进而为己所用。正如哲学家培根在《谈读书》中所言："读书时不可有心诘难作者，不可尽信书上所言，亦不可只为寻章摘句，而应推敲细思，当有可浅尝者，有可吞食者，少数须咀嚼消化。"

　　《中国青年报》日前刊登了北京大学考试研究院院长秦春华的一篇文章——《"四大名著"适合孩子阅读吗》，作者在文中表达了对青少年阅读四大名著的担忧，其观点大致可归纳为以下四条：《水浒传》中的血腥暴力可能会产生误导，《三国演义》中的权术斗争不利于性格养成，《红楼梦》中的恋爱描写少儿不宜，《西游记》里的禅宗佛法描述过于高深。

　　这篇文章引起了一定争论，众人围绕四大名著的积极文学价值与负面内容影响各抒己见，观点不尽相同。其中，一篇题为《我们不适合阅读"四大名著"吗》的文章成为热点，该文作者是一名高三学生，他根据自身阅读体验和成长经历，对"四大名著不适合青少年"这一观点进行了反驳。

　　学生需要健康的成长环境，阅读很重要，这一点我想大家都认同。"四大名著"既然是经过时间淘洗而留下的经典，笔者和这位高中生一样，同样无法认同"四大名著不适合青少年"的观点。

　　诚然，阅读具有一定选择性，但正所谓"兼听则明、偏听则暗"，阅读的自由显然是更为重要的事。唯有实现了阅读自由，读者才能具备筛选和评价的能力。有了这种能力，阅读才能成为一种主动行为。

青年学生固然在心智发育方面尚不完善，但这不代表无法辨别是非曲直。实际上，这一时期是一个人感知非常敏感的阶段，对应的阅读行为具有强烈的区分意识，因此青年学生往往爱憎分明，具有强烈的善恶观念。

举例来说，学生时期读《三国演义》，很多同学会意识到"曹操是坏蛋、诸葛亮是好人"。随着年龄的增长以及生活阅历的丰富，这种善恶判断观会慢慢淡化，我们可能会为曹操"平反"，可能会觉得诸葛亮过于偏执。从这个例子中可以看出成人比较善于分析利弊，而学生更在意对错，所以对学生来说，书中奸雄形象的曹操并不是想要效仿的对象，反而是"君子不齿"的反面教材。从这个角度来看，名著中对负面事件的描述，并不等同于负面影响。

从另一方面来说，四大名著作为经典小说，堪称极为贴近现实的"社会词典"。众所周知，四大名著中不仅有人情世故、家长里短，也有家国变迁、天下奇闻，既然生活不全然是美好，我们又何苦对文学作品吹毛求疵呢？四大名著里有关弱肉强食、尔虞我诈、谈情说爱的描写，也是对生活的写照。艺术源自生活，人即使不阅读，也必然要面对生活，面对生活中的"光明"与"黑暗"。学生时期正是了解社会、认识世界的阶段，阅读这些作品，有助于提升"免疫力"，也即：从书中看到灰暗的侧面，从而对现实生活中可能会发生的事做更好的准备。

所以，对四大名著、对古今中外众多经典著作，同学们还是可以大胆、放心、认真地读。其实，如今师长们更担心大家不阅读，不是吗？

作品来源

发表于《成才与就业》2016年第12期。

第一章

知人论世·作家印象

作者小传

施耐庵（1296—1370）

　　元末明初小说家。生卒年及生平均不详。清代及近代有些资料记述施耐庵名惠。吴梅《顾曲麈谈》中说："《幽闺记》为施君美作。君美名惠，即《水浒传》之耐庵居士也。"无名氏《传奇汇考标目》中说："施耐庵名惠，字君承，杭州人，著有《拜月亭旦》《芙蓉城》《周小郎月夜戏小乔》。"

　　自21世纪20年代，陆续发现了一些有关施耐庵的资料，诸如《施氏族谱》《施氏长门谱》，淮安王道生撰《施氏墓志铭》《兴化县续志》中的《施耐庵传》《施耐庵墓记》等。近年来江苏又发现一批有关文物，主要有大丰县施家桥出土的《施让地券》《施廷佐墓志铭》《施氏家簿谱》等。另外苏州博物馆存有《顾丹午笔记·施耐庵》等资料。这些史料和有关的调查报告，对施耐庵生平作如下勾画：

　　施耐庵，名子安，又名肇瑞，字彦端，耐庵为其别号。江苏兴化人；后迁徙大丰县白驹，曾流寓钱塘。他学识渊博，曾充满信心地去大都应试，结果却名落孙山。因无颜回乡，便在友人的帮助下，到山东郓城当训导。在郓城为官期间，他倡导学习，廉洁正直，好结交一般穷苦的文人和侠义之士。后来，回到家乡，就张士诚之聘参加起义，为张士诚的幕宾，因不受重用而离去。曾一度在常熟、江阴一带执教鞭。晚年隐居白驹，著书立说。朱元璋称帝后，多次请他不出，又迁到淮安。殁于此，其孙迁其骨归白驹。

　　这些资料虽然解决了一些问题，但其矛盾、抵触之处颇多，学术界对其真伪及应怎样理解，提出过疑问。其一，关于他的名字，是否名为"子安"？彦端与耐庵是否为同一人，施惠说何解？其二，关于籍贯，浙江钱塘、江苏兴化、姑苏三种说法亦难统一。其三，是否参加过张士诚起义，据袁吉人"耐庵小史"、《施耐庵传》、王道生《施耐庵墓志》均说他"征聘不至"。其四，是否为进士，《施耐庵传》记载为"元至顺辛未进士"。

所以施耐庵的生平事迹尚待进一步发现材料和深入研究。

知识来源：马良春，李福田总主编：《中国文学大辞典·第六卷》，天津人民出版社，1991年，第4484页。

施耐庵和《水浒传》

浦玉生

导 读

　　《水浒传》是我国第一部全面描写农民起义和农民战争的长篇章回小说。小说以北宋末年史书记载的宋江起义作为主要依据，描写农民起义的发生、发展为主线，通过一百零八位传奇式英雄被逼上梁山的不同经历，表现了"官逼民反"这一封建时代农民起义的必然规律，塑造了农民起义领袖的群体形象，深刻反映出北宋末年的政治状况和社会矛盾。

　　元末明初之际，中国小说创作的第一座高峰悄然耸立。它最初叫《江湖豪客传》，后来通称《水浒传》。

　　《水浒传》是中世纪的文化结晶，也是农耕社会中华智慧的百科全书。其结构之庞大，立意之深沉，描绘之逼真，构思之巧妙，语言之精辟，影响之深远，都史无前例。

　　尤其难能可贵的是，作者施耐庵站在人民群众的立场，热烈赞扬被压迫阶级的反抗斗争，更为世界文学史所罕见。

一、初上梁山

　　水泊梁山地区险要的地势、复杂的地形，孕育了无数英雄豪杰，成为历代藏龙卧虎之地。

　　自然的、人文的景观深深地感染了施耐庵，他许下宏愿，要根据书会才人说书、梁山民间传说，写一部《水浒传》。

施耐庵在山东郓城县期间，或者徒步，或者乘船到乡野渔村访问，一去就是三五天，有时长达十天半月，所到之处或住学馆，或住儒生家，更多的时候是住在村舍、渔船上。船家仔出身的施耐庵能吃苦耐劳，与父老乡亲有着鱼水感情，不管走到哪里，他都能和那里的耆老妇孺促膝谈心打成一片，白天的时间不够用，夜晚月光下照样长谈。

在一两年中，施耐庵搜集了若干梁山英雄故事，至于梁山地区一带的风土民情、饮食衣着、方言土语，也在他广泛采集的范围之内。他到当年英雄们生活过、斗争过的地方进行实地考察，像武松打虎的阳谷县景阳冈；晁盖、三阮智取生辰纲的郓城县黄泥岗；宋江三打祝家庄的原址祝口镇；宋江的老家水堡镇……他都去做过细致的调查。至于当年梁山寨上一百单八将排座次的聚义厅，林冲火并王伦的断金亭，李逵把守的黑风口，通往后寨的宋江马道……施耐庵不仅多次去追思凭吊，而且绘制成图藏于行囊。

最终，施耐庵在《水浒传》中塑造的水泊梁山，变成了英雄好汉乃至一般民众心中的圣地：三关雄壮、四面高山，有忠义堂、断金亭、宛子城、蓼儿洼、金沙滩、鸭嘴滩，六关八寨，藏龙卧虎，威震四方。

二、谒林冲墓

在民间讲述的梁山泊故事中，施耐庵最爱听林冲的故事。因为他是一位仗义为人的盖世英雄。

有一天，施耐庵听到传说：林冲手提单刀，在钱塘县与方腊展开血战，因年老体弱，跌入陷马坑，被乱刀砍死。当地居民将他葬在附近大柳树下。

第二天，他便到大柳树附近去打听。一老者指着一丘黄土说："这就是林教头埋骨之处。"只见黄土一抔，野草莽莽，既无墓碑，也不成坟。他摆下随带祭品，恭恭敬敬施上一礼。老者向他进一言道："林教头虽死，但英雄事迹尚流传民间，先生既爱英雄，何不将他的事迹搜集整理成篇，以留传世人。"

施耐庵点头称是。他花了几个月的工夫，一鼓作气从"林冲误入白虎堂""刺配沧州""大闹野猪林""风雪山神庙""火烧草料场"一直写到"夜奔梁山",编写了十回书。施耐庵写《水浒》一百零八将,最早就是从林冲十回开始的。

三、深山观虎

施耐庵为了在小说中突出梁山英雄的神威,计划在作品中多次描写打虎场面。但他本人从未见过老虎,感到很难写出老虎的凶猛,更难描绘出李逵、武松等打虎英雄的勇敢和威风。

于是,他搁下笔,翻山越岭在深山老林中走访了众多猎户,向他们请教老虎外貌、动作、神态、捕食情况及猎手们和老虎搏斗的情形,获得了大量第二手资料。而在反复描绘它们的形态之后,仍感到仅靠第二手资料来描写老虎还是难以传神。

这一天,施耐庵来到老虎经常出没的山林,选择了一棵大树爬了上去,坐在树枝上等候老虎出现。林中静悄悄的没有一丝声音,忽然一只小鹿"嗖"地从眼前窜过,紧接着一声雷鸣般虎啸,从树丛中跃出一只斑斓猛虎,如箭一般向小鹿扑去,未等施耐庵缓过神来,老虎已将小鹿生吞活剥地吃下肚去。直到老虎去后多时,施耐庵才从树上溜下来跑回家中,详细地记下了老虎的扑食动作和神态。又根据记忆中老虎的特征,用纸扎了老虎扑食模型,放在书案前揣摩,并且喂养了一只猫,细细观察猫与老虎相似和不同之处,反复描绘它们的形象。

由于施耐庵对老虎观察入微,了如指掌,所以把景阳冈打虎写得非常逼真、绘声绘色,突显了武松的英雄本色:"山中猛虎,见时魄散魂离;林下强人,撞着心惊胆裂。正是:说开星月无光彩,道破江山水倒流。"

仅仅停留在自然界的打虎上,施耐庵又嫌不足。一天晚饭后,他正在灯下挥毫,猛听得"咚咚咚咚"的敲门声。夫人开了门,撞进一个头发蓬乱的老妇,一下子跪在施耐庵面前,哭喊着说:"老爷,救命!"

原来,这老妇是白驹场街市东北巷尾烧饼店的老寡妇,只因她的儿子吴大娶了一个老婆,叫胡月莲,生得美貌异常,不想被镇上一个恶霸财主——西门药店的郑凤来看上了。这郑凤来依仗他堂兄在县里做官，硬是登门霸占胡月莲，又用毒药泡在菜汤里，毒死了吴大。那胡月莲水性杨花，与郑凤来亲热得了不得，丈夫一死，即做了郑凤来的小妾，直把个吴家搞得家破人亡。老妇要告郑凤来，可是白驹场场面上有文才的人，都惧怕郑凤来的势力，不敢替她写状纸。

施耐庵听了这位老妇的哭诉，气得浑身发抖，挥笔替老妇写了一张状纸。

送走老妇，他望着刚写好的"武松打虎"一节，猛然想起："武松啊武松，你能打虎，为何不能为民除害呢？"众人熟知的"武松杀嫂"有关故事就在这个夜晚诞生了。

四、梦写李逵

施耐庵写书快到尾声的时候，想告诫世人一个道理：起义的队伍离开了黎民百姓、招安投降就一定要失败。

因此，他写了宋江征方腊，结果一百单八将只剩下二十七人，不久也死的死，走的走，最后宋江也被御赐毒酒而死。他颇费苦心地对书中的一些人物都做了安排和交代，但那憨厚、耿直、疾恶如仇的黑旋风李逵怎么办呢？他反复揣摩，打算在宋江受招安后，手舞双斧再次上梁山，重整旗鼓，东山再起。可又想，李逵为人简单、粗暴，能担得起这副重担吗？

夜深人静了，施耐庵仍然坐在书桌旁为怎样安排李逵而煞费苦心。后来疲倦得直打盹，伏在书桌上慢慢地睡着了。

忽然一阵旋风刮来，施耐庵只觉得浑身毛骨悚然，只见黑旋风李逵腰插双斧，指着施耐庵的鼻子大喊道：

"你打算让我怎么个死法？"

"我什么时候说要你死的？"施耐庵争辩道，"宋江受招安是自寻绝路，我要你再上梁山造反，不是很好吗？"

"先生的好意我晓得，可是你让我骂宋江大哥'招安、招安，招什么鸟安！'你还借我的手扯了皇帝老儿的诏书，痛打了陈太尉，还叫我放火烧李师师的妓院，把皇帝老儿吓得屁滚尿流。我那宋大哥死心塌地投靠了皇帝老儿，都被药死了，你想，他们还能让我活下去吗？"

李逵一席话，像重锤敲打在施耐庵的心上："唔，你的话蛮在理的，照这样说，你是死定了？"

"就是啊，施先生，我死得好惨呀！"李逵舞着板斧、跺着双脚说。

屋内旋风一阵紧似一阵，刮得屋梁柱直摇晃，"咣"的一声，将施耐庵惊出一身冷汗，原来是南柯一梦。这时，窗外雷电交加，狂风怒吼，暴雨即将来临，他连忙起身将窗子关好，转过身来，在闪电的光亮下，只见挂在墙壁上的李逵画像圆睁双眼，怒冲冲地望着自己呢。

施耐庵回想着刚才梦中与李逵对话的情景，心里感到很难受，像这样铁骨铮铮的好汉，怎忍心让他在受招安后死掉呢！那么，如何让铁牛死得合理？"打不死的李逵"如被官兵打死了，就不是英雄好汉了。那么，让他受招安以后被皇帝老儿杀了吧？更不可能！李逵是"敢把皇帝拉下马"的人物呀！施耐庵左思右想，为难极了。

施耐庵终于想到，宋江要是不受招安，李逵就不会死，宋江既然死心塌地受招安，那么他害怕李逵会重新杀上梁山，坏了他的名声，就骗李逵喝毒酒死去。这样写既符合逻辑，又会让后世的人们吸取受招安血的教训。

夜深了，夫人一觉醒来，只见施耐庵仍端坐在书桌旁泪流满面，问道："什么事使你这样伤心啊？"

"唉，铁牛死了！"

"什么牛？我家可没有牛呀！"

"不，我书上写的一个造反好汉死了。"

说完，施耐庵仍然坐在那里，看着墙壁上李逵的画像泪流不止。

五、重返梁山

流光容易把人抛，红了樱桃，绿了芭蕉。

施耐庵重返梁山，已是明朝洪武初年。转眼间时光过去了三十载，施耐庵已到了垂暮之年。

那年夏秋之交，梁山脚下朱家客店来了个清瘦的老者，因为他是从江南来的，人们就称他为"江南先生"。这人便是施耐庵。

施耐庵除了几件换洗衣服，随身没带多少行李，只有一项旧草帽、一个半旧的竹篮子，篮子里放着笔墨纸砚。他向朱店主说明了到梁山的意图，说他带的路费半路被盗，分文不存。朱店主是个讲义气的人，听说施耐庵是来写梁山好汉故事的，不但免去他的食宿费用，还关照店中伙计好好招待，临走时又赠送了十两银子做盘缠。小说中《朱贵开店》的故事，就是施耐庵从梁山回家后补写进去的。

《水浒传》是施耐庵以话本《梁山泊聚义本末》为提纲，以城市艺人说书、城乡民间传说为素材，提炼加工再创作而成的长篇巨著。单凭年轻时在郓城那两三年实际生活，写作中难免有捉襟见肘之感。

施耐庵此次去梁山时，《水浒传》实际已经写出。去梁山的目的是再作一番考察，对小说作最后的修订、补充。

从英雄背景上看，《梁山泊聚义本末》记载梁山英雄为三十六人，小说中扩大为三十六天罡、七十二地煞，一百单八将。对于这些来自各行各业，通过不同的命运和遭遇、不同的道路终被逼上梁山的英雄好汉，每个人的来龙去脉要安排得合情合理，有条不紊；对于出自梁山本乡本土的英雄好汉宋江、晁盖、吴用、三阮等，要让他们入籍归宗，家世、出身都要写得有根有据，没有疏漏。

从地理位置上看，水泊梁山是义军的大本营，水泊的自然风光、山寨的雄关险隘、周围的城镇位置、来往的通衢要道……施耐庵都力求真实无误地与义军的活动呼应吻合，既要情景交融又要不出差错。记忆中已经模糊褪色的印象需要重新考察清楚。

从风俗人情上看，施耐庵重视人物形象塑造，而风土民情、生活习俗又是刻画人物的重要手段。小说中诸如"阮小七头戴一顶遮日黑箬笠，身穿个棋子布背心，腰上系着一条蓝布裙"；"阮小五斜戴着一顶破头巾……披着一领旧布衫……里面卷扎起裤子，上面围着一道棋子布手巾"……这些并非施耐庵信笔所写，而是有根有据。阮氏兄弟的衣着打扮，一直沿袭到新中国成立初期，几百年来在郓城民间几乎没有多大变化。这都是为了增添小说的地方色彩，从梁山地区实地采风加进去的。

　　《水浒传》之所以成为不朽名著，源于作者施耐庵深深扎根在生活的土壤里，以胸中丘壑、笔底烟云为人民英雄树碑立传！

【作品来源】

　　发表于《党建》2015 年 5 月。

第二章

他山之石·文章赏析

《水浒传》的结构

刘慧儒

导 读

《水浒传》的叙事布局，给人总的印象是一个乱。它既无《红楼梦》贾府那样井然的空间格局，也缺少类乎《西游记》的行旅主线，甚至连《三国演义》一分三、三合一那种相对松散的结构性叙述秩序也不具备。当然，梁山泊是个聚焦点，可叙述展开之时，它几乎是空寨一座，待到一百余好汉先后上得梁山，故事就戛然而止了。群豪上梁山如谷壑奔竞，众流归海，固然有迹可循，但就各叙述单元而言，甚难找出其间的内在脉理。

一

金圣叹对《水浒传》研读之细，可谓四百年独步天下。他极言《水浒传》为文"精严"，"字有字法，句有句法，章有章法，部有部法"。可是落实到文本层面，雄辩的他不免语焉不详起来。所举的"草蛇灰线""绵针泥刺""鸾胶续弦"诸法，计有十五条之多，讲的不外修辞和叙事技巧，属"字法""句法"，至多"章法"范畴，至于宏观"部法"鲜有涉及。谈到通篇布局，仅限于首尾呼应之类，如"石碣"三见，始于洪太尉放走妖魔，终于梁山排座次，中间石碣村三阮撞筹承前策后。凡此概论未免粗略，且与情节结构、文本肌理无太多关涉。

《水浒传》整体布局究竟如何？ 20世纪以来，关注这一问题的人不少。茅盾、聂绀弩等人认为《水浒传》由单篇故事组成，缺乏"有机的结构"，即使肢解成独立的中短篇小说也不会有"割裂之感"。后来又有人指出，全书以个人为线索的零散故事和梁山聚义大规模活动之间有着结构性关联。他们把鲁智深、林冲、武松等人的故事称作"局部""小情节""横向结构""折扇式的列传单元"，把梁山聚义称作"整体""大情节""纵向结构""群体性的战役板块"，认为两者前后呼应、相得益彰。只是，一涉及故事比重与组接、叙事逻辑以及布局与主题的关系时，大都笼统地以"缀段式""联珠式""瓜蔓式"或"散点透视"作解。不错，《水浒传》故事的穿插衔接确实用了不少粘连技巧，事实上，古人对此也多有言及。

二

说到全书结构，需要澄清的则是：那些零零散散的故事，其详略隐显、纵横断续与小说主题有无内在联系吗？

要回答这一问题，不妨从两个小角色入手：董超和薛霸。这两个人物无足轻重，但写得灵动难忘，作者显然是倾注了不少精力，其间似隐藏着某种玄机。

董超、薛霸暗害林冲未遂，被高俅寻事刺配大名府，后来卢俊义被判流刑，又由两人解送。奇怪的是，董、薛押解林与卢，情节竟如出一辙：先是领取公文，押犯人至使臣房，回家收拾行装，接下来被请到酒肆密谈，收受银钱，答应取所押流徒的性命。押送途中投宿店家，恶意烫伤流徒双脚，摸黑起行，走到树林诡称想睡觉，将其缚于树干，临了说一通自我开脱的话，操起水火棍行凶。不单故事主线雷同，连支线也无二致：鲁智深和燕青得悉公人密谈，顿生疑窦，决定暗中护送，见机搭救。最后，鲁智深用禅杖隔开董、薛的水火棍，燕青则发短箭射死二人。两段文字，遣词修辞也多有重复，如"揭取脸上金印回来（做）表证"（1981 年版《〈水浒传〉会评本》181 ／ 1136 页），"百沸 ／ 煎滚汤"（182 ／ 1137 页），"明年今日是你周年"（184 ／ 1138 页），"提 ／ 拿起水火棍（来），望着（……）脑袋门上劈将（下）来"（页 184 ／ 1138），不一而足。

《水浒传》中不难找出情节相似的段落，但像这两处细节和语言都一一复制,通篇可谓绝无仅有。作者在处理相似场景时每每别出心裁,换个花样,金圣叹就称许过作者有绝处翻新的本领。按说,解送卢俊义一节,想避免雷同,对施耐庵而言并非难事。但他何以偏偏不为呢？不仅不为,而且起用董超、薛霸,令其故伎重施。之所以这样,恐怕是在提醒读者关注两处情节的同构性。顺着作者的思路,我们对照一下林、卢故事的梗概,或可看出一些端倪来:

人物	林冲	卢俊义
受害原因	高衙内欲夺其妻	梁山泊欲赚其身
受骗	陆谦请客设局	吴用算卦设局
	林妻脱身	卢脱身归家
遭陷害	买宝刀入官衙	吴用遣李固说反诗
	下狱：直陈冤屈	下狱：屈打成招
	受孙定保护	受蔡福、蔡庆保护
发配途中遭难	发配沧州	发配沙门岛
	鲁智深施救	燕青施救
第二次遭难	火烧草料场遇险	市曹问斩
	脱险	获救
结局	醉酒被抓,柴进相救	带伤被抓,梁山好汉相救
	上梁山	上梁山

林冲和卢俊义为人安分守法,无奈被设局陷害,走投无路,最后上了梁山。读者恐怕会问,小说既已成功叙述了林冲的故事,何以还要拉卢俊义来如法炮制一番？金圣叹已经注意到两者的同构性,称之为"锁一书之两头",惜乎他没有循着这一困惑追问下去,否则就会触及《水浒传》的核心问题。

《水浒传》始于放走妖气,终于罡煞排座,中间不外是各路好汉上梁山。人们习惯把落草笼统概括为"官逼民反",但卢俊义不是,卢俊义和林冲的平行故事貌同实不同,从而点出了上梁山落草的异质性。

林冲是个端方慎行之士,与人为善,遇事克制。当高衙内非礼其妻时,他还劝鲁智深"权且饶他"。野猪林获救,反为加害于己的公人说情。尽管如此,还是步步被逼,不得不落草。林冲落草是因为社会剥夺了他甚至只是作为流徒的生存空间,梁山作为社会之外的飞地成了他最后的避难所。

林冲上梁山是他与社会冲突不可调和的必然后果，他逃离无所不在的恶势力，赋予了梁山正当性。

林冲是被逼上梁山，卢俊义则是被赚上梁山。卢俊义处境优渥，与社会本无冲突。其上梁山既非个人所愿，亦非社会所迫，纯为山寨网罗所致。宋江的网罗理由是"寨中若得此人时，何怕官军缉捕，岂愁兵马来临！"且不管这理由是否真实与正当（宋江压根儿未因兵马来临发过愁），单看其网罗手段，与高俅、陆谦设计陷害林冲并无二致。宋江先是放话，说他极为倾慕卢某其人，不得之而不快，然后，罔顾卢俊义本人的意愿，假官府之手逼其就范。这一做法不比高、陆人道多少，唯一的区别在于宋江不欲置卢俊义于死地。宋江旨在赚卢，一如高衙内欲霸林妻。高家要杀人之夫而夺其妻，宋江则要灭人之志而夺其身。

逼上梁山和赚上梁山是罡煞聚集的两极，一是因社会亟欲除之，一是因山寨必欲得之。林冲和卢俊义的命运正是这两极最具代表性的个例。林、卢遭遇坎坷相似，折射出的却是相反的梁山理念——消极梁山和积极梁山。消极梁山是接纳落难英雄，积极梁山是有目的地施行猎头计划。消极梁山接受投奔者，人们主动而来，庆幸被接纳；积极梁山罗致不愿来者，之所以罗致，是因为这些人有利用价值。消极梁山是一个与社会对立的世界，一个山寨化的社会；积极梁山则是社会的延伸，即社会化的山寨——当梁山的赚人手段与高俅之流不再有别时，梁山就不复为他者，成了社会的一部分。

在梁山重要人物中，林、卢分别是最初和最后上梁山的。一前一后，一逼一赚，作者花大笔墨（所谓"林十回""卢十回"，篇幅大率相当）以对比手法叙述两人上山的曲折故事，不仅深化了上梁山的主题，也给了通篇小说一个宏观框架：逼上梁山和赚上梁山作为罡煞聚集的两极，为审视各路好汉上梁山提供了一个坐标。逼上梁山的好汉有鲁智深、杨志、武松等，其故事大抵集中在前面；赚上梁山的好汉有李应、朱仝、徐宁等，他们的故事多在后面。从逼上梁山到赚上梁山暗示了一种发展趋势。如果追问，上梁山何以从"逼"蜕变为"赚"，就逼近了小说叙述结构的中枢。

林、卢故事作为外围大框架和小说中枢结构关联非常密切，因为林、卢二人不仅仅是逼上梁山和赚上梁山的代表，同时也是"造王者"。林冲火并王伦，推晁盖为尊，奠定了梁山事业的基础，这是一条明线。卢俊义造王则是沿着一条暗线，作者没有点破。卢俊义有造王之功，但初无造王之愿。事实上，他造王成功，全在于山寨中人对此毫无察觉，连他本人也懵然不知。

且看卢俊义是如何造王的。晁盖死后，梁山泊陷入了空前的政治危机。本来，宋江作为副头领已是山寨实际操权者，由他继位顺理成章，不会出现任何权力过渡的动荡。不承想晁盖临终撂下这么一句话："若那个捉得射死我的，便叫他做梁山泊主。"这话太令人意外了。晁盖、宋江本是生死之交，彼此有救命之恩，宋江甫上梁山时，晁盖曾主动让位。晁盖临死遗嘱，其言不善，分明是在阻止宋江继位。这句话的厉害之处在于它无可更改。以前宋江与晁盖意见相左时，每每径直提出自己的主张，经人附和，遂成定议。这次晁盖言讫而终，再无半点商量余地。

晁盖的遗命给宋江出了个老大的难题。试想，宋江被阎婆这样的老太太扭住都挣不脱，要捉史文恭，简直是闹笑话。于是，宋江远兜远转打起了卢俊义的主意。卢俊义一上山，看似多出一位竞争对手，实则不然。把卢俊义塑造成一个有争位潜力的假想敌，原来宋江与群雄之争的格局就转变为卢俊义与群雄之争了。如此一来，群雄的角色也变了。本来与宋相争，是各个为自己争，现在与卢相争，就莫名其妙沦为宋江的帮手了。群雄中不管哪位胜出，战果都会归宋江。卢俊义胜出也没用，他本无意争位，即使心存此想，群雄也不会臣服他的。议立晁盖接班人本是一件严肃的事，可凭空冒出个卢俊义来，身不由己充当了搅局解套的工具，捉拿史文恭确定寨主的既定方针遂变成无谓的走过场——不管史文恭落入何人之手，晁盖的遗愿注定要落空。

当然，没有卢俊义，宋江八成也会得位。他的所谓"权居尊位"，时间一久，"从权"之名自然而然会变成"行权"之实。届时，将无人撼得动他。问题是，有晁盖的那句话在前，总有点儿名不正言不顺。所以，作为造王者的卢俊义，其真实作用与其说是帮宋江得位，毋宁说是为他得位而正名。

有卢俊义不自觉地唱双簧，宋江就可以大演谦让秀了。卢俊义活捉史文恭后，宋江不是力主他上大位吗？卢俊义坚辞，宋江不是也并未顺势就位，而提议分打东平、东昌二府，以恭听"天命"吗？最后是"天命"让他先攻下了东平府——攻打东昌府的卢俊义知趣地按兵不动——没办法，他宋江只好勉为其难居尊了。七拐八绕，早把晁盖遗嘱丢到了脑后。最后碣石天魁天罡名次一排，宋江的地位有了上苍的加持，更加铁板钉钉了。

卢俊义虽没有像林冲那样直接造王，但在梁山权力过渡时起了关键的作用。就像林冲为晁盖清除了王伦一样，他为宋江清除了晁盖遗嘱。林、卢二人一显一隐，一主动一被动，为梁山完成了权力交替，从而决定了梁山的政治格局。从文本结构看，林冲奠定了梁山基业，卢俊义化解了梁山权力交接的合法性危机，一前一后，构成一个张力场。在这个张力场中，小说的中心线索也就变得清晰起来：伴随着晁盖影响力的式微，宋江迅速崛起。

三

宋江是《水浒传》的核心人物，有人甚至把《水浒传》称为"宋江传"。宋江的故事主要集中在所谓"宋十回"，这十回居于小说正中，其重要性自不待言。"宋十回"可以视为宋江的江湖发迹史，从中可见其影响力是如何急剧上升的。作为江湖人物，宋江武功也好，品行也罢，了无过人之处，然而一回回下来，他声誉日隆，影响渐大，甚至在落草前已隐然成了江湖领袖。表面上看，这归功于他"赒人之急，扶人之困"的义气，可是纵观宋江所作所为，殊难得出这样的结论。

我曾在《宋江这个人》（见《读书》2004年第5期）一文中提到，《水浒传》语涉宋江时，往往出现两个层次。对小说中大多数人物来说，宋江是个正面英雄，人们一听到"及时雨"的名号，无不拜服甘供驱使。然在叙述层面，宋江却是另一副模样。就在各路好汉拜服宋江之时，作者时不时用冷幽幽的笔调提示一下这些好汉认知上的偏差。小说人物和宋江的交接限于一时一地，容易被"义士"名头瞒过，但读者知道前前后后更多的事，可以对照识别。此外还有另一个参照系，可以反衬宋江，这就是叙述武松故事的"武十回"。"武十回"和"宋十回"关系密切而特殊：从形式上看，文字两端互相穿插，仿佛打了两个结，把宋、武故事拧在了一起；就内容而言，两人的故事结构完全契合：

人物	武松	宋江
起：出场	打虎	放晁盖
	得赏	受金
承：杀人官司	杀潘金莲	杀阎婆惜
	取证	毁证
	自首	藏匿，被捉
	发配	发配
	十字坡酒馆之劫	拒绝梁山泊落草
	拒绝二龙山落草	揭阳岭酒馆之劫
	孟州安平寨拒绝贿赂	江州牢城营上下使钱
转：再下狱	醉打蒋门神	酒后吟反诗
	中圈套被捉	装疯被识破
	飞云浦自救	法场被救
收：报仇	血贱鸳鸯楼	火烧无为军
	二龙山落草	梁山泊落草

武松和宋江的故事，起承转合，形式上节节对应，铢两悉称。两人都是开头做了一件大事：一是打虎，一是放晁盖。打虎是英雄行为，武松乐得指认死虎，讲打虎过程；放晁盖是奸雄作为，做时偷偷摸摸，事后讳莫如深。打虎靠的是硬碰硬的拳脚功夫，所携哨棒一开始就折断丢开，突显武松不讨巧、不假于物的壮士本色。而宋江放晁盖玩的却是花花太极拳。当他听到何涛要抓捕晁盖时，附和说晁盖是"奸顽役户"，"本县内上下人没一个不怪他"，以骗取信任。再利用何涛的信任拖延时间，让官府的捉晁计划告吹。武松打虎是在无人处，但马上传扬开来，"哄动了那个县治"；宋江放晁是在人稠处，周旋于何涛、茶博士和伴当之间，骑马穿街，"慢慢地离了县治"给晁盖报信，做得密针细线，神不知鬼不觉。打虎在于行，放晁在于言，一实一虚。另外，打虎在景阳冈，放晁在东溪村，两个地名一阳一阴涉笔成趣，似在暗示两件大事本质上的不同。

　　打虎与放晁也体现出武松和宋江的秉性之别。武松打虎时，惊就是惊，慌就是慌，神威就是神威，手脚酥软就是手脚酥软，困乏就是困乏，无时无刻不是真性情的流露；宋江放晁时，骂晁是蒙，不引见知县是欺，说"分拨家务"是诳，让巡捕稍等是骗。为稳住何涛抽身去报信，他隐瞒了所有实情，所吐之言也无一句不假。待他私放晁盖回来，立刻做出一副慎之又慎的样子：把何涛直引到知县书案边，并叫挂上回避牌，让人觉得他最担心泄密。

　　宋江和武松命运的转折点是杀人官司。杀阎婆惜和杀潘金莲初看似无可比，实则暗合之处颇多。两个女人都好淫，阎婆惜向宋江输身，但鄙弃其人而另结新欢；潘金莲是勾引武松被拒，然后移情西门庆。宋江纳妾之初，"夜夜与阎婆惜一处歇卧"，比及杀人时，了无一丝念旧之情；武松在拒绝潘金莲挑逗时，当即正言相告，若让他遇上没人伦的事，"眼里认得是嫂嫂，拳头却不认得是嫂嫂"。宋江有始无终，武松则是一以贯之。

　　再看杀人过程。宋江、武松原本都无意行凶，盖因事由凑巧，最终闹出了人命。宋江的通匪物证被扣，情势虽急，仍无伤人性命之必要，只消夺回招文袋销毁证据便可化险为夷。无奈这个"学得武艺多般"的主儿"舍命的夺"也夺不回来，于是萌生了杀人之念。武松得悉潘金莲毒死乃兄，也仅是报官而已。只缘知县不准所告，念兄仇难报，才决定私了。如果说宋江杀人是怕惊动官府，那么，武松杀人却是因为官府不肯作为。前者是为躲避刑罚而更严重地犯法，后者则是因执法者枉法不得已自己执法。武松杀潘金莲，先收集证据，再诉诸官府，在手刃凶手祭兄时，有伏辩，有证人，而且事后立即投官自首。虽系越权私刑，但行事坦荡，有理有节。反观宋江杀阎婆惜，先是求情，求情不成，许诺，许诺不成，抢夺，抢夺不成，遂起杀机。也就是说，先耍嘴皮，再使拳脚，文武两招都不灵，最后只好借助凶器，行凶后急急逃避法网。阎婆惜即使通奸，也罪不当死，她偶获宋江通贼证物，借此要挟，充其量是想狠敲宋江一竹杠。宋江倘能使她相信自己会信守诺言，即使变卖家产也会交付所索黄金一百两，那么，他们约好一手交钱，一手交证物，也不至于出事的。闹到争夺招文袋的田地，说穿了，是阎婆惜不相信宋江会兑现其承诺。对一个江湖人士来说，弄到连枕边人都不信自己言出必行，情何以堪，更不要说揎拳捋袖和一个弱女子争夺了。退一步讲，就算这是情急无奈之举，只消把证物抢来销毁，任阎婆惜去告官，空口无凭，也不足为患。要命的是，在这场不体面的抢夺战中，声称"爱习枪棒"的男子汉竟丝毫占不了上风，再无回旋余地，只好行凶灭口。仔细想想，阎婆惜之死无他，乃是须眉不敌巾帼所致。这般怪事，相较于武松杀潘时人神共鉴的坦荡，不仅窝囊，而且龌龊。

同是犯下命案，武松鸣官自首，宋江则销声藏匿。后来被捉，宋江和武松一样发配。到了发配地，宋江到处塞钱，武松不屑贿赂，反求速刑，不愿寄下棒杖。第二次下狱，武松因为打蒋门神，宋江因为题了反诗。同是酒后所为，情形也不一。醉打蒋门神是武松受施恩之请，且不管施恩为人如何、优待武松动机如何，至少他识英雄，敬重英雄，从武松的角度看，报答施恩乃义之所在，无可推托，虽则为此付出了遭陷入狱的代价。宋江题反诗却是酒后流露出"潜伏爪牙忍受"的内心纠结，宋江要报的是"冤仇"，与武松报恩大异其趣。宋江刺配他乡，是自作自受，不知这"冤仇"二字从何说起。他言必称忠君，潜意识里的"凌云志"却是要赛过杀人如麻的造反者黄巢。

最后的报复也有一定的可比性。武松血溅鸳鸯楼，除手刃仇人外，还有家属从人十余口，未免滥杀。宋江火烧无为军，说是"只恨黄文炳那贼一个"，吩咐手下不要与其兄"黄面佛"为难，也"不可分毫侵害百姓"，听起来似较武松人道。可就在那个月白风静之夜，宋江一帮人将黄文炳满门斩杀，断送了大小人命四五十条。既然报复与黄文炳之兄无干，那么，四五十口妇孺又何辜之有？再说，黄文炳与张都监不同，并未构陷害人，只是报告分析了宋江的反诗，其后拆穿其诈疯逃刑的骗局而已。宋江的死罪，这一次也纯系自找。已蓄异志，反诬他人，借言报仇，荼毒无辜，比之鸳鸯楼上的腥风血雨实有过之。

宋江和武松经历相似，但为人行事迥异。武松处处显露真性情，宋江每每遮遮掩掩，让人捉摸不透。武松始终如一，宋江见风使舵。武松一诺九鼎，宋江多番食言。宋江的一大长处是乐施济众，然计其全部所施，也没有武松一次转手送给猎户们的一千贯打虎赏银多。那些如阎婆、唐牛儿被他坑害之人，理应救助，他却分文未给。唐牛儿和郓哥的情况有些相似。郓哥给武松作证耽误生意养活老爹，武松流配上路还不忘馈银，而助宋江逃身被当做替罪羊刺配军州的唐牛儿，其下落如何，有着"及时雨"美誉的宋江却不曾过问。宋江跟武松对应之多，连武松酒量大而宋江多吃几口鱼便"泻了二十来遭"的细节都兼顾到了。武松这面明晃晃的镜子，照得宋江无所遁形。

四

回到《水浒传》的结构。"林十回"和"卢十回"构成群雄上梁山的大框架，为检视落草原因和山寨性质提供了一个清晰的张力场。有了这个张力场，读者目光就会聚焦在处于小说中枢的"武十回"和"宋十回"。这两段文字交叠而又彼此映射，阐明了什么才是好汉行径。《水浒传》是一部好汉史诗，但小说中找不到哪个故事可算作中心事件。从上面的分析可以看出，小说真正的中心并非一般意义上的情节高潮，而是武松和宋江的人格对比，两人截然不同的处事信条和行为方式，重笔勾勒出好汉与非好汉之别。出人意表的是，恰恰是那个各项好汉指标都远不及格、在武松光彩映照下甚至显得有些卑琐的宋江，反倒成了梁山群豪之首。这无疑是《水浒传》最为发人深思之处，这也是小说的深刻所在。

作品来源

发表于《书屋》2016 年第 1 期。

《水浒传》江湖人物论（一）——宋江：成功的江湖领袖

王学泰

导　读

　　《水浒传》中的人物描写，向来就受到最高的评价。所谓一百单八人个个面目不同，固然不免言之过甚，但全书重要人物中至少有一打以上各有各的面目，却是事实。下面就让我们看一下《水浒传》中对第一主人公宋江的描写吧。

一、山大王与江湖领袖

　　山大王很好理解，就是盗匪头头，可是过去一看到这个人物就定性为"农民起义领导"，变得不能批评，使得研究不能展开。山大王的主要任务就是带领喽啰抢劫，然后主持上下大体上都能满意的分配。当然，他们也希望山寨兴旺，能够有效抵御官军的清剿，但这需要许多条件的凑泊，不一定能实现，总的来说一般的山大王没有远略，过一天算一天。有些厌倦了盗匪生活的就想回归主流社会。《青琐高议·王寂传》写壮士王寂杀吏后，与一帮无赖子，割牲祭神，结为兄弟，到山中落草，成为山大王。过了一段时间后，他就与同党说："山行水宿，草伏蒿潜，跳跃岩谷中，与豺虎为类，吾志已倦。"（可见山寨生活并非都像梁山泊那样浪漫）后来借新皇帝登基，大赦天下，得以洗手不干，回归社会。

　　江湖本身是隐性社会，既然是个社会则必然有其秩序，有秩序则必有领导与被领导（隐性社会的领导与被领导的关系不是选的和任命的，大多情况下是自然形成的），于是就有江湖领袖。既然江湖是隐性社会，那么其领袖也大多处于地下或半地下状态（如《说唐》中二贤庄的员外单雄信）。江湖领袖也可能下海，成了山大王，但这种山大王往往比一般的山大王有点眼光，不局限于"抢东西、抢人"，也不单纯追求"夜夜洞房，天天过年"的生活。想把山寨事业做强做大，给弟兄们寻求更好更光明的出路。他原有的江湖领袖身份也会对他的设想提供助力。如果形势适宜，这种具有双重身份的山大王也可能起而争夺天下，从隐性社会的领袖一跃而为天下共主，这也不是完全不可能的。汉代的开国皇帝刘邦就做过芒砀山的山大王，当然这是少之又少的。

我们分析宋江，要兼顾宋江山大王和江湖领袖这双重身份。梁山泊的三代寨主，王伦、晁盖、宋江。王伦是纯粹无大志的山大王，晁盖、宋江都是实实在在的江湖领袖，后来又兼山大王。还有一个可以称为江湖领袖的，但他没有这样的愿望，这就是柴进。

王伦只是个"山大王"，如同少华山的朱武、桃花山的李忠。但王伦与这些山大王的不同之处在于，他是"不及第的秀才，因鸟气合着杜迁来这里落草"。他对杨志说自己曾到汴京考过武举。宋代的武举考试，很荒谬，主要考"文"，又是文官主持的，像王伦这类半瓶醋的"秀才"，武不武，文不文，受气是肯定的。他没有"十分本事"，又没有过闯荡江湖的经历，没有黑道艰难的历练，突然一竿子插到底，直接做了"山大王"，成了山头老大，肯定"不服水土"。王伦天生又是小心眼，心胸狭小，不能容人。先是不接受柴进推荐的林冲，再三刁难，为自己制造了宿怨；后来又拒绝来投的晁盖、吴用这股远胜梁山的力量，给受"鸟气"的林冲以火并的机会，王伦身死事败，为江湖笑。"李卓吾批"中嘲笑他说："可惜王伦那厮，却自家送了性命。昔人云：'秀才造反，十年不成。'岂特造反，即做强盗，也是不成底。"这是个不成功的山大王。

晁盖与王伦不同，在上梁山以前已经被江湖人默认为领袖了，所以就有了劫生辰纲这一大笔财富，公孙胜、刘唐不自己当老大组织人劫取，而是千里迢迢跑到郓城县来找晁盖，举这位不相识的人为老大，向他献宝，可见在江湖上晁盖所受信任之深和威望之高。有此机缘，林冲火并了王伦之后，才有可能推举他为领袖。

（林冲）手拿尖刀，指着众人说道："我林冲虽系禁军，遭配到此，今日为众豪杰至此相聚，争奈王伦心胸狭隘，嫉贤妒能，推故不纳，因此火并了这厮。非林冲要图此位。据着我胸襟胆气，焉敢拒敌官军，剪除君侧元凶首恶。今有晁兄仗义疏财，智勇足备。方今天下，人闻其名，无有不伏。我今日以义气为重，立他为山寨之主。好么？"众人道："头领言之极当。"

威猛如林冲都认为凭着自己的心胸胆气，不能"拒敌官军"，不能剪除"元凶首恶"。而晁盖"智勇足备""无人不伏"，能带领大家干，而且晁盖"仗义疏财"，决不会亏待大家，这是江湖人选择头领的关键。晁盖正是靠这些品质成为梁山泊上下一致拥护的第一把手。

可是晁盖当了山大王后，所做的仅仅是"再教收拾两边房屋，安顿了阮家老小。便教取出打劫得的生辰纲，金珠宝贝，并自家庄上过活的金银财帛，就当厅赏赐众小头目，并众多小喽啰。当下椎牛宰马，祭祀天地神明，庆贺重新聚义。众头领饮酒至半夜方散。一连吃了数日筵席，晁盖与吴用等众头领计议，整点仓廒，修理寨栅，打造军器，枪刀弓箭，衣甲头盔，准备迎敌官军。安排大小船只，教演人兵水手上船厮杀，好做提备"。除了给大家多分财帛，拢住人心外，就是大吃大喝和安排一些事务性的工作。晁盖曾是众望所归的江湖领袖，但他真的担纲之时，却令人感到他力不从心，很少有实际作为，其工作的水平也就是一般的山大王。

晁盖力图做的是好山大王，不施暴虐，又得到了享乐的资源，他多次告诫部下"只可善取金帛财物，切不可伤害客商性命"。这能算什么呢？最多也就是《故事新编》中写的"华山大王小穷奇"，只要求路人"留下一点纪念品"，而不"剥猪猡"，更不杀人。晁盖和他手下弟兄们也满足于"不怕天，不怕地，不怕官司。论秤分金银，异样穿绸锦。成瓮吃酒，大块吃肉"，关上寨门做皇帝。如果拿江湖领袖这个准则要求晁盖，他还差许多。比如他应该对于天下与周遭的形势有点理解，对于山寨事业发展有些期待，对于山寨的工作有个长短的计划与安排，对于追随他的众弟兄有点责任感，为他们的以后做出安排。这些方面，我们除了看到梁山打造兵器，防备官军进攻和没忘记搭救陷在牢狱的白胜和酬谢对梁山有恩的宋江以外，再也感受不到晁盖的作为了。他是一个合格的山大王，却是不称职的江湖领袖。

晁盖最大的问题是缺少江湖领袖的资质，因为做江湖领袖应该有点政治性，这就需要眼光和手段。晁盖不仅没有眼光，而且胸无城府。领袖人物必备的抬高自己、神化自己的策略，有拉有打、纵横捭阖的手段，以及在培植自己的贴身力量方面，晁盖全无作为。他最大的毛病是事情紧急时，没有主意（如在江州劫法场），应急的智慧和能力很差。这是他不能称职的根本原因。

为什么在江湖上晁盖被视为领袖呢？因为江湖只是一个"场"，是由于江湖人的活动游走形成的，江湖领袖不是江湖人选出来的，而是江湖人凭接触和江湖人口耳相传的印象得出来的。什么才能得到江湖人的美誉？第一就是仗义疏财。江湖人落魄不偶，衣食无着，甚至挣扎在生死边缘，只要稍施援手，就容易得到他们发自内心的拥护。柴进为什么在江湖上有极好的声誉。在饭馆里霸着桌子不肯让人，又狂言连"大宋皇帝也不怕他"的石将军石勇，开口便说"老爷天下只让得两个人，其余的都把来做脚底下的泥"。那两个人中第一个就是柴进。同样在江湖上有很好名声的晁盖听到林冲说到柴进都感慨地说："小可多闻人说，柴大官人仗义疏财，接纳四方豪杰，说是大周皇帝嫡派子孙。如何能勾会他一面也好。"可见柴进的江湖声誉之高。这个声誉是他拿银子换来的。沧州道上酒店老板介绍说："你不知俺这村中有个大财主，姓柴名进，此间称为柴大官人。江湖上都唤做小旋风。他是大周柴世宗嫡派子孙。自陈桥让位有德，太祖武德皇帝敕赐与他誓书铁券在家中，谁敢欺负他。……（他）常常嘱付我们：'酒店里如有流配来的犯人，可叫他投我庄上来，我自资助他。'"这在外人看来有点"神经"，为什么要厚待罪犯？实际上这正是富贵闲人追求不平凡生活的一种表现，如同《儒林外史》中娄三、娄四公子闲着没事要设"人头会"一样。因为"犯人"不管是好是坏，大多是有点特殊性的，令人好奇。柴进有的是花不完的钱，他用这些钱招待一下"流配来的犯人"，说不定就能碰上一个令柴进激动的人物，林冲不就是一个吗？然而柴进不是真正的交际家，也没想拉拢江湖人拥戴他当领袖，所以他的钱没少花，但没花在刀刃上；他只有声誉，并没有拉拢到多少江湖豪杰。幸好，他在江湖上行走只是玩票（儿），他没有追求实际的收益，没有做领袖的想法，所以即使被迫上了梁山，也只是干个闲差。真正的江湖领袖是宋江。

二、一个成功的江湖领袖

《水浒传》中的宋江是成功的江湖领袖，后来下海又成为有眼光、有抱负、有策略的山大王，但是他在身份转换过程中，急于求成，又不会做官，最后演了一出人生悲剧。然而这并不能否定他在江湖上与山寨中的作为。

1.脚踩黑白两道

宋江出场（有的学者认为古本的《水浒》应从第十八回宋江出场开始："只见县里走出一个吏员来……""那押司姓宋名江，表字公明，排行第三，祖居郓城县宋家村人氏。为他面黑身矮，人都唤他做黑宋江。"）时，已经不是统治者希求的良民了。书中介绍说，他与父亲务农，守些田园过活，"于家大孝"，人称"孝义黑三郎"，这是最为主流社会肯定和赞美的道德品质。宋江还在郓城县兼着押司的职务，负责案卷，他是个公职人员（当时称为"公人"）。他"刀笔精通，吏道纯熟"，"且好做方便，每每排难解纷，只是周全人性命。时常散施棺材药饵，济人贫苦，赒人之急，扶人之困"。在郓城县里，宋江有极好的声誉和人事关系，阎婆惜的事出来了，从知县、朱雷二都头到三班衙役都主动替宋江分解和摆平，打压原告。这些说明，在主流社会中宋江是个吃得开的人物。然而有良好社会关系不等于他是良民，如同《儒林外史》中的潘三（潘自业），为人豪爽，人称"潘三爷"，一出场也是众星拱月，说一不二，实际上也就是个无恶不作的"市井奸棍"。

为什么说宋江不是"良民"了呢？因为此时，他名为郓城县负责公文的吏人，这个行当既是官面，又要与"贼情公事"所谓黑道打交道。元代杂剧《鲁智深喜赏黄花峪》，宋江一上场就说："自小为司吏，结识英雄辈。"

所谓"英雄"就是江湖上称雄称霸的人物。可见宋江已经脚踩黑白两道，是黑道白道全都吃得开的人物。吏胥在宋代的地位并不高，宋江本身是处在社会边缘的，很易滑落江湖，其行为本身又说明他早已与江湖建立了密切的联系。所以才会一见晁盖的案卷，第一个念头就是"晁盖是我心腹弟兄。他如今犯了弥天之罪，我不救他时，捕获将去，性命便休了"。而且冒着风险舍命去救。

《水浒传》告诉读者宋江具备了江湖领袖的基本素质：第一，仗义疏财，这是最被游民和江湖人崇拜的品质。《水浒传》故事中，宋江是最大方的，他走到哪里，银子就撒到哪里，仿佛是赵公元帅。金圣叹也随之处处批评、鄙薄这种"以银子为交游"的恶劣作风。这是从文人士大夫立场上看问题，如果站在八天没有吃饱饭的游民立场上决不会这样想。这时他们连做梦都会梦到朋友的帮助。江湖人常说的"出外靠朋友"，期待的就是这种有恩有义的朋友。宋江正因为有银子，在江湖朋友身上也肯花银子，他才成为江湖人的崇拜对象，在游民奋争的江湖上，宋江是备受爱戴的"大哥大"。

第二，宋江"更兼爱习枪棒，学得武艺多般"，尽管以后宋江的故事里并没有证明他"学得武艺多般"，但是因为好武、习武是江湖人必备的品质，而且是梁山好汉团结的基础，所以江湖人必须有此品质。既然朝廷重文轻武，那么江湖就应该反其道而行之，"重朝廷之所轻，轻朝廷之所重"。这也是《水浒传》的核心价值之一。从这个简单介绍里我们就可知道，宋江虽然是脚踩两条船，但这两条船都是很坚实的。在黑白两道，宋江都为自己营造了广阔的空间，宋江是主流社会、隐性社会都吃得开的人物，这是专制社会中江湖领袖和造反领袖人物很重要的特征。

吏胥在宋朝是没有工资的，后来经过苏辙的呼吁，朝廷六部九卿的吏人有了点工资，地方州县的吏胥还是没有的。他们所担任的事情极繁，很多与利益有关。正如司马光所说："又府吏胥徒之属，居无廪禄，进无荣望，皆以啖民为生者也。上自公府省寺、诸路监司、州县、乡村、仓场、库务之吏，词讼追呼、租税徭役、出纳会计，凡有毫厘之事关其手者，非赂遗则不行。是以百姓破家坏产者，非县官赋役独能使之然也，大半尽于吏家矣。"

（《温国文正公文集》卷23）"居无廪禄,进无荣望"这两句说的似乎就是宋江,平常没有收入,又没有升迁的希望,他们只能通过做吏的机会大发横财,也就是"以啖民为生",要吃老百姓。老百姓的"破家坏产",吏胥有不可推卸的责任。宋江手面那么大,出手阔绰,他不像柴进是世代贵胄,有着花不完的钱。他无非就是一个小财主,有个小庄园也不会太大,其花销来源,应该是与宋江做吏有关的。

古代州县与吏胥有关的日常政务就两件大事,一是刑事民事诉讼,一是租税徭役。这些事情都与金钱有极密切的关系,但它们又非得经过吏胥之手,于是"非赂遗则不行"了。这类事情《水浒传》中写了许多,不仅反面人物如董超、薛霸之流如此,即使正面人物,甚至是梁山一百零八将中的人物如戴宗、雷横、蔡庆、蔡福索贿受贿都很丑恶,但只要是倾向梁山的,《水浒传》并不以为非。书中没有正面写宋江如何索贿受贿,但宋江有更体面的办法得到这一切。而且吏胥弄钱的各种门径中,最有油水的就是"涉黑案"。黑道来钱容易、出手阔绰。当生辰纲案暴露以后,宋江在第一时间内"担着血海也似干系",飞马报与晁盖知道,后来晁盖在梁山当了一把手之后,马上派刘唐拿了一百两黄金作为酬谢。这就是一例,像这类事情,大概不会只有晁盖一例。不用宋江索贿,宋江也鄙薄戴宗式索贿（宋江讥笑戴宗拿着棍子向人索贿:"人情,人情,在人情愿。你如何逼取人财,好小哉相!"）,主动送上门来的一定不少。宋代以来官匪不分、兵匪不分、警匪不分、黑白两道混淆,就源于宋代对衙门吏胥的政策。

2. 花钱买来的领袖？

当然,宋江不是一生下来就是脱离主流社会,立志做江湖人的。大约宋江出生以前,宋家已经是一个小有产业的家族了。家庭对他这个长子（宋江绰号"孝义黑三郎",这个"三"有可能是家族大排行,包括不出五服的堂兄弟,从《水浒传》看,他确是宋太公的长子）,肯定会有些期盼。宋江自己也曾赋诗言志:"自幼曾攻经史,长成亦有权谋。恰如猛虎卧荒丘,潜伏爪牙忍受。"当时读书人最大的企望就是"朝为田舍郎,暮登天子堂",

学而优则仕。宋代科举制度日益完备而且比较公正，出身于平民家庭而能通过科举走上仕途的越来越多，有的甚至获得高位，给大多数读书人以刺激，鼓励他们走这条道路。宋江的文才比较一般，大约是投考科举无望，才到县里做吏。宋代做吏一般都在本地，虽然名声不太好，但在本地做吏能给家族带来许多实际的利益，因此当时的大家族往往把自己的子弟分为两拨，念不好书的，可以做家乡吏胥，以保护家族利益；读书好的、有文才的子弟则送往京城参加科举考试，争取到朝廷里做官，取得清望。这样家族才能壮大起来。

做了吏的读书人大多也就没有"登天子堂"的希望了，此时他们的唯一理想也许就是弄钱了。宋江在弄钱之外还交朋友，而且把弄来的钱花在交朋友和施舍孤弱上，也许这是他与一般吏胥的不同之处。朋友本属儒家的五伦之一，交朋友本身不是坏事。儒家的朋友之道是"择善辅仁"，是提高自己思想境界之助。但宋江交的朋友不是这类朋友，从《水浒传》一书中，我们也看不到他与文人士大夫交往的痕迹，他交的是江湖上的朋友。这一点书中写得很明确：

> 平时只好结识江湖上好汉，但有人来投奔他的，若高若低，无有不纳，便留在庄上谷馆，终日追陪，并无厌倦（"终日"二句写尽宋江对朋友无微不至的关切与尊重）。若要起身，尽力资助。端的是挥霍，视金似土。人问他求钱物，亦不推托。

闯荡江湖之人，四处漂泊，居无定所。对于这些人的投奔，宋江一律欢迎，不仅有吃有喝有住，走时还有盘缠赍送，特别不易的是"终日追陪，并无厌倦"。常言"人无千日好，花无百日红"。久在江湖奔走的武松、石秀都懂得这个道理，因为他们都受过白眼冷遇。全部《水浒传》中唯有宋江违背了这条规律，他对各个层次江湖朋友不烦、不厌倦，这是最难得的，花钱还在其次。应该承认宋江虽然是个江湖领袖，但也不乏好善之心。对于钱，他看得很轻，梁山送他一百两黄金，他只收了一锭，其余退回，后来还想把它给卖汤药的王公，作为这个孤独老人的养老送终之资。书中描写宋江的心理活动"何不就与那老儿做棺材钱，教他欢喜？"这是他特别会花钱之处，使有限的金钱发挥了最大的作用。

例如，武松在柴进庄园里住了一年，其花销少说也得数十两银子吧，而且武松是在有了人命案之后逃到"柴大官人处躲灾避难"的，本来应该对柴进有更多的亲近感。可是由于武松脾气不好，左右人都说他的坏话，柴进对武松也简慢了，使得这个亡命者有了人情冷暖之感，对柴进不无怨言，甚至想投奔宋江。宋江在柴进处初见武松，就留"武松在西轩下做一处安歇"。宋江为人很细，看武松的落魄相，就拿出银子为他做衣服，人是衣服马是鞍嘛，结果还是柴进出的钱。此后宋江"每日带挈他一处饮酒相陪，武松的前病都不发了"。等到武松到清河县寻哥哥时，宋江一送再送，并认了武松作为兄弟，最后：

> 宋江叫宋清身边取出一锭十两银子，送与武松。武松那里肯受，说道："哥哥客中自用盘费。"宋江道："贤弟不必多虑。你若推却，我便不认你做兄弟。"武松只得拜受了，收放缠袋里。宋江取些碎银子，还了酒钱。武松拿了哨棒。三个出酒店前来作别。武松堕泪，拜辞了自去。宋江和宋清立在酒店门前，望武松不见了，方才转身回来。

这真是江湖上做大哥的"范儿"，有情有义，那"一锭十两银子"顶寻常的百两、千两。其中包含着关切与期待，是人们很难学到的。从中我们可以看到宋江送钱，不单纯是钱，里面有一份人情在，这往往是其他"仗义疏财"的江湖人未必能想得到的。江湖领袖被江湖人称为"大哥"，这一称呼本身就包含着江湖人对于关爱的期待，宋江是最能满足这种期待的。同样仗义疏财的晁盖、柴进却不能。而且晁盖、柴进等不会与江湖人沟通交流，《水浒传》中很少见他们与投奔来的江湖人谈心，更无宋江的"终日追陪，并无厌倦"的风范。因此，"宋大哥""公明哥哥"独能叫响江湖，而且流传后世。

《水浒传》也说晁盖"仗义疏财"，但晁盖多是被动的，如解救刘唐是因为刘是奔他来的，在三阮身上花钱是因为要拉他们入伙，后来救宋江是因为宋对梁山有恩。没有见过晁盖主动帮人。宋江帮人多出于主动，在揭阳镇上看到病大虫薛永在那里卖艺，到要钱时，打钱的托盘转了两周，众人都白着眼看他，没有一个给钱。此时宋江身为流放的配军，却给了五两银子，难怪薛永感激涕零："这五两银子，强似别的五十两。自家拜揖，愿求恩官高姓大名，使小人天下传扬。"对于李逵也是这样。初见李逵，李逵正赌输了钱，宋江马上拿出十两银子帮他翻本。从此李逵对他五体投地，至死相随。宋江虽然主动散钱，仿佛赵公元帅，但其内心有没有小九九，我们不必作诛心之论，但宋江为这些江湖人解了难，这些人自会把他的事迹广泛传播。用后世江湖隐语说也就是帮助宋江"扬名立万"。另外，这些江湖人各有特长，如武松的武功和为人诚笃，李逵的忠直与一个心眼，薛永浪迹江湖的经验，对于宋江来说都是宝贵的。客观上这是宋江在江湖上的一笔投资，为他在江湖上行走开辟了道路。我们宽容点说，这种散钱的方式已经成为宋江性格的组成部分，如果这些钱成为一笔巨大投资，成为他在江湖上发展的助力，那么也并非设计好的，可以说这是无目的的合目的性。与柴进滥花钱、凡是流放犯就有一份资助不同。

给江湖人花钱，被江湖人视为"义气"，这不同于救助弱小，宋江给王公百年归寿的钱，给卖糟腌的唐牛儿点零钱花，帮他们解决点困难，这都不是"义气"，而是施舍，是不需回报的。我认为义气所施的对象是与自己命运相等之人，施予者是企望回报的，而且江湖人也这样看。因此，江湖上有言"滴水之恩，当涌泉相报"。当清风山要投奔梁山泊时，秦明表示质疑"只是没人引进，他如何肯便纳我们"。宋江给他讲了生辰纲的故事，秦明听了马上转忧为喜。在这方面，宋江也是很清楚的。他在向晁盖通报消息时就对他说："哥哥不知，兄弟是心腹弟兄，我舍着条性命来救你。"这是报出了自己为此举动所付出的风险代价，不可等闲视之。江湖人的确也给了他许多有形和无形的回报，江州劫法场是人们都看到的，至于他在江湖上的名望，许多江湖人闻名即拜，则是无形的。后来，他上了梁山当了第二把手（晁盖还在的时候），受到梁山好汉的拥戴，这都是自然而然的。《水浒传》中说：

（宋江）且好做方便。每每排难解纷，只是周全人性命。时常散施棺材药饵，济人贫苦，周人之急，扶人之困。以此山东、河北闻名，都称他做及时雨。却把他比的做天上下的及时雨一般，能救万物。

孟子说：当民众饱受暴君的虐待，此时有了圣王出世，人们盼望圣王"若大旱之望云霓也。归市者不止，耕者不变。诛其君而吊其民，若时雨降，民大悦"（《孟子·梁惠王下》）。宋江既能施舍，又能满足江湖人的期待，被江湖人视为"义薄云天"，受到江湖人无条件的拥护，被称为"及时雨"，其含义与"大救星"相去不远了。

3.江湖领袖之路

宋江在脚踩黑白两道时，已经颇具江湖人望，被视为"救星"，但他真正成为江湖领袖还在于在江湖上奔走时所遭遇的磨难。正像"李卓吾批语"所说："凡是有用人，老天毕竟要多方磨难他。只如宋公明，不过一盗魁耳。你看他经了多少磨难。"因而李卓吾称宋江是"真命强盗"，"真命"如同真龙天子一样。宋江杀阎婆惜之后，便离开家乡，走向江湖。第一次磨难就是在清风山的两次危难，都差点一命呜呼。后来他指挥清风山的兵马，连同青风寨武知寨花荣打破了青州官军的围剿，"大闹青州道"，收服了来围剿他们的青州兵马统制霹雳火秦明和兵马都监镇三山黄信，最后带领这一干人等投奔梁山泊。

第二次磨难是宋江被父亲书信骗回家，结果被郓城知县抓起来，发配江州，一路上几经风险，多次面临死亡，好容易挣扎到了江州，遇到戴宗、李逵，受到他们的照应；又酒醉浔阳楼，题反诗，被赋闲在家的通判黄文炳发现、控告，判处斩刑，幸得梁山和一路结识的好汉劫法场，宋江、戴宗被救之后，又到无为军抓了黄文炳，报了仇，与大家共赴梁山。这一次宋江正式下海，上梁山做了山大王。

从这两次磨难中，宋江感受到了自己在江湖上的位置与威望，每当自己有意无意地亮出"及时雨宋公明"这块牌子时，江洋大盗也好，地痞混混也好，都会肃然起敬，"纳头便拜"，拥戴他为大哥。清风山上锦毛鼠燕顺等人很自然地便把山寨的军事指挥权让给宋江，自己听其调遣。这增加了宋江的自信，甚至有点自我膨胀了。到了江州，监狱长戴宗成了仆从，李逵就是打手，这时宋江的自我感觉与他的囚徒身份形成巨大的反差，所以才有浔阳楼醉题反诗之举。题反诗正是宋江渴望上山下海这种内心冲动的外化。第一次磨难中，宋江在清风山实习了山大王的工作，从派兵打仗，设计招降，攻城掠寨，率队转移，都干得有模有样。最后，清风山这一伙人马"宋江教分作三起下山，只做去收捕梁山泊的官军"，一起投梁山去。宋江不仅显示了做山大王的能力，也很快具备了山大王的凶狠与残酷。杀刘高夫妇、杀黄文炳的血腥已经令人咋舌；为了收服秦明，宋江还派人假作秦明把青州城外数百家的男子妇人杀倒一片，切断秦明返回青州的路；秦明一家老小也因之被青州的慕容知府处死。这还是郓城县内几乎获得人们一致好评的宋江吗？

在江湖上受到格外推重的宋江感到做领袖的风光，也逐渐领会到做好领袖的诀窍。其中最重要的就是不断地抬高自己、神化自己，要有自己的力量和自己的政治主张。如果说宋江初闯江湖时的行为还有点"无目的的合目的性"的话，江州以后做领袖的目的意识就越来越自觉（晁盖不成功就是缺少这种意识），于是便自己神化自己了。

如浔阳楼题反诗后，黄文炳向蔡九知府告发宋江，蔡以为"量这个配军，做得什么！"不予重视。黄就借"街市小儿谣言""耗国因家木，刀兵点水工。纵横三十六，播乱在山东"，说它应在宋江身上。后来宋江被救出，回到梁山大聚会，在庆喜筵席上。宋江向众头领又说起受奸人陷害一事："叵耐黄文炳那厮，事又不干他己，却在知府面前胡言乱道，解说道：'耗国因家木'，耗散国家钱粮的人，必是家头着个木字，不是个宋字？'刀兵点水工'，兴动刀兵之人，必是三点水着个工字，不是个江字？这个正应宋江身上。那后两句道：'纵横三十六，播乱在山东。'合主宋江造反在山东。以此拿了小可。"初到梁山，晁盖要宋江做一把手，宋江坚决不干，甚至"若要坚执如此相让，宋江情愿就死"。但他又讲了这个故事，并通过解释这首童谣表明在山东造反的领头人应该是宋江，而非其他。这不是给晁盖难堪和借他人之口褒扬自己吗？宋江为人处事很有经验，他说的这些话不是无心之言。紧接着就是回乡接老爸，他又制造了九天玄女授天书的神话。在"还道村受三卷天书 宋公明遇九天玄女"一回中，宋江迈出神化自己的重要一步。"这娘娘呼我做星主,想我前生非等闲人也。这三卷天书,必然有用。"这与"耗国因家木"是互相呼应的,所谓"上应天象""下有谣谶"。但"遇九天玄女"毕竟只是宋江一人的"遭遇",不好向众人宣布,只悄悄地与吴用讲了,并"与吴学究看习天书"。吴用心领神会,懂得神道设教对建立梁山秩序的重要,这样才有了"忠义堂石碣受天文 梁山泊英雄排座次"。如果没有"神"的帮助,很难想象这些来自不同山头、分属不同集团的一百零八位将领怎么能够建立起令行禁止的战斗秩序。

4."架空晁盖"与"聚义厅改为忠义堂"

江湖如同主流社会一样,也存在权力之争,不同的是对于确定下来的权力,在主流社会相对稳定,而江湖上则瞬息万变。比如一个皇朝确定下来,少说也要几十年,长点就一二百年,这一二百年内,这个皇朝就被神化为神圣不可侵犯。江湖领袖哪有这样长的?另外,主流社会中被确定下来的秩序,一般不允许更动;而江湖是正在形成中的秩序,如不是有生死纪律秘密帮会,江湖人都有选择的自由。

宋江上了梁山后,面对的是安于山大王生活的晁盖,很少有长远打算。自己和弟兄们今后如何?难道一辈子占山为王,老了怎么办?似乎晁盖没有考虑过。就是抵御政府的征讨围剿,也没有一套说法。中国人的传统中对于做事,特别是规模动静较大的事情(例如起兵反叛之类)很注重"说法",也就是要设计一套或真或假的理由,没有"理由"就有点"名不正,言不顺"的感觉,很难受到人们的认同。晁盖没有"理由"("大块吃肉,大碗喝酒"的理由也拿不出手),宋江就要制造"理由",这从一上山就开始了。

这个"理由"就开始于宋江对自己制造的神话。九天玄女在救宋江脱险时对他说的:"汝可替天行道为主,全忠仗义为臣,辅国安民,去邪归正。他日功成果满,作为上卿。"这段话可以视为宋江自己的政治纲领,其中最重要的就是"替天行道"四个字。此后宋江未当政时没有公开宣布,但肯定与自己的亲信说了,鼓励他们这样干。于是,在戴宗、李逵到蓟州请公孙胜时,公孙胜的师傅罗真人不放,戴宗向罗真人求告说:"晁天王、宋公明仗义疏财，专只替天行道，誓不损害忠臣烈士，孝子贤孙，义夫节妇，许多好处。"当然这里晁天王只是连类而及，其实晁盖都不一定知道有"替天行道"这个词。晁盖在世时宋江第一次说"替天行道"是在五十六回劝说金枪手徐宁上梁山，"见今宋江暂居水泊，专待朝廷招安，尽忠竭力报国，非敢贪财好杀，行不仁不义之事。万望观察怜此真情，一同替天行道"。待晁盖六十回被史文恭射死后，宋江暂时代理寨主之时，公开宣布梁山泊的政治方针就是"替天行道"：

> 小可今日权居此位，全赖众兄弟扶助，同心合意，同气相从，共为股肱，一同替天行道。如今山寨人马数多，非比往日。可请众兄弟，分做六寨驻扎。聚义厅今改为忠义堂，前后左右，立四个旱寨，后山两个小寨，前山三座关隘，山下一个水寨，两滩两个小寨。今日各请弟兄分投去管。

为读者所熟悉的梁山泊"替天行道"的杏黄旗也是在宋江执政之后打出来的。六十一回赚卢俊义上梁山，通过卢的眼睛："卢俊义……只听得山顶上鼓板吹箫。仰面看时，风刮起那面杏黄旗来，上面绣着'替天行道'四字。转过来打一望，望见红罗绡金伞下，盖着宋江。"如果没有"替天行道"这个"理由"，或说政治方针，梁山泊只是个抢劫集团，这里的山大王有可能较别处的盗匪好些，但不会有本质区别。有了这个政治方针才能从盗匪向武装政治集团过渡。

三十年前"评论《水浒》"的政治运动中，还"把晁的聚义厅改为忠义堂"，看成定宋江为投降派的铁证。其实每个盗匪集团的山水寨中都有聚义厅，并非梁山泊所独有，其功能是干什么呢？就是坐地分赃的地方，如《水浒传》二十回所写"晁盖等众头领都上到山寨聚义厅上，簸箕掌、栲栳圈坐定，叫小喽啰扛抬过许多财物在厅上，一包包打开。将彩帛衣服堆在一边，行货等物堆在一边，金银宝贝堆在正面。众头领看了打劫得许多财物，心中欢喜。便叫掌库的小头目，每样取一半收贮在库，听候支用。这一半分做两份。厅上十一位头领均分一份，山上山下众人均分一份。把这新拿到的军健，脸上刺了字号，选壮浪的分拨去各寨喂马砍柴，软弱的各处看车切草"。宋江不甘心把梁山泊永远定位在盗匪集团上，虽然今后还要抢劫、还要分赃，但先从换掉这个不名誉的名字开始。"忠义堂"是具有传统意识形态并能得到广大民众认同的名号。

从上述可见，宋江在下海之前就有一定的政治理念，上梁山之后便把自己的理念付诸实施，自然与没有任何方针的晁盖拉开了距离，追随他们的江湖人可以自由选择。又由于晁盖不作为，处处看到宋江在做事。因此不是"架空晁盖"，而是晁盖自我"空洞化"，或说自己甘心"大权旁落"。后世评论《水浒》，多有主流社会的"从一而终"的观念，认为晁盖上梁山最早，人们就应该永远奉他为梁山之主，仿佛旁人不能觊觎，更不能染指他的权力。不懂得江湖上权力转移非常频繁，有能力的上，没能力的下，甚至被火并，王伦就是一例。虽然《水浒传》的文字里也隐隐透露晁盖对宋江的不满，临终前竟给宋江设下一个铁门槛，让他不能逾越，甚至要断了他成为梁山泊之主的期望。书中写道晁盖"转头看着宋江，嘱付道：'贤弟保重。若那个捉得射死我的，便叫他做梁山泊主。'"但总的说来，宋、晁二人还是善始善终，晁盖归天之后，其神主牌位上写着"梁山始祖天王晁公神主"，在残酷的政治斗争中，这个结局就算不错了。晁盖故去了，他成了梁山泊的精神领袖。

三、举措失当的身份转换

如果说宋江作为江湖领袖和山大王都是成功的话，那么在其回归主流社会和身份转换的过程中则是失败的，而且酿成一百零八将的悲剧和个人悲惨的下场。虽然七十一回之后写宋江身份转换中以及转换后的生涯描写里受到了各个时代主流意识形态的冲击（如南宋的忠义，元末以来"驱逐鞑虏"的民族意识等），但从总体上来看，宋江回归主流、热衷招安做官与《水浒》原有的主题——朴刀杆棒和发迹变泰——并没有根本的冲突，就是说作者的原意也是要写宋江"要做官，杀人放火受招安"的。主流意识形态的干扰并没有影响这个主题的表达，只是小说中过多地为宋江的忠义唱赞歌，甚至把南宋军民对于岳飞的同情、悲悯和尊敬投射在宋江身上，则使得"杀人放火受招安"这个主题表达得不近人情。那个时代既然扯起了造反的旗帜（如果用造反集团定义梁山泊，它似乎还不够格，梁山泊在宋江领导期间仅是个有政治追求的抢劫集团），失败的概率几乎是百分之百；成功当皇帝的概率连千分之一、万分之一的可能都没有。那么造反者在求死的冲动之后（造反之始，其领导者大都有求死的冲动），冷静下来考虑问题的时候，妥协求生肯定是大多数人的选择。回归主流社会，过安定生活，只要有可能，还是大多数人的愿望。宋江的"招安"不是什么"背叛"，而是一百零八将多数人的愿望。

从历史事实来看，宋江也是被招安了，还做了官。历史上的宋江集团被招安是出于双方的需要，而小说中招安的故事写得缺少逻辑性（例如为什么在梁山泊处于全面优势，朝廷处在军事劣势的情况下，宋江还急着要招安），但接受招安还是使得宋江这个江湖领袖的形象更完整。因为作为江湖大哥有责任把弟兄带出泥沼，走上光明前途。遗憾的是，宋江对于高级官场政治操作缺少理解（甚至作者也是不甚了了），认为只要忠诚就会被君王认同，就会被朝廷接受，就会一路顺风。其实事情哪有那么简单，忠而被谤、信而见疑几乎是古往今来铁定的官场逻辑。忠臣好下场的不多。再说，宋江所带领的是一帮江湖人，就算宋江本人投降朝廷的目的是"全忠仗义，辅国安民"，但你能保证一百零八将都这样想？其实绝大多数人归顺的目的还是谋生存、求发展，与当初的下海当盗匪没有什么区别。在这些方面宋江没有什么考虑，没有在朝廷之中建立自己的安全保障系统。既然能够花钱买通"忠臣"（凡是站梁山一边的都是忠臣）宿元景，为什么不肯花钱拿下朝中的奸臣蔡京、童贯、高俅？他们不比"忠臣"更爱钱？其实疏通忠臣不要花很大力量，因为他们已经站在你一边了，需要下力搞定的是奸臣。宋江只着眼于不太管事的"艺术家皇帝"——宋徽宗，这是他重大的失策。梁山泊招安以后，队伍并没有被打散，是有实际力量的，宋江对此也没有充分利用，以保护自己和弟兄的安全。

从宋江个人悲剧来看，就是他在身份的转换过程中举动失措，分不清哪些在主流社会中只是门面语，哪些是潜规则。比如"全忠仗义,辅国安民"，如果是一般的朝臣说这些话，皇帝尽管未必全信，还要听一听。一个曾经做过盗匪的抢劫集团的首领说这些话，皇帝连听也不要听的。根本建立不起来互信，可悲的是宋江单方面相信朝廷，主观上还要按照忠臣的准则办事，并认为这就会得到皇帝的认同，结果是一杯毒酒了终身。

四、宋公明——永远的江湖大哥

《水浒传》中的宋江有成功有失败，并非完美的人格，后世评论家对宋江这个形象也是有褒有贬，但是在底层社会，特别是游民团体中，宋大哥是绝对的正面形象，公明哥哥成为他们的领袖及保护者的代名词，其地位仅次于游民膜拜的关圣。天地会的入门诗就有"桃园结义三炷香，有情有义是宋江"的句子。江湖领袖为什么叫"大哥"而不叫"大爷"呢？因为这个江湖是游民生活的空间，而游民之间的组织，最初都是平等的，而且特别标榜平等。它不像主流社会（当时的社会是皇权专制社会），一谈到人与人之间的关系，首先想到的是里外远近、尊卑贵贱，而游民是平等的组合。那时还没有新的组织形式为他们提供结合的范式，他们只能模仿宗法关系中的兄弟关系建立他们之间的关系。这种关系直到近世的秘密会社仍然如此。秘密帮会天地会常挂在口头的就是"四海之内皆兄弟"，"哥不大，弟不小"。

作为"大哥"，宋江是合格的。这在他投入江湖之前就做了许多铺垫，颇为现代读者訾议的是不经过花荣同意就把他的妹妹嫁给毫无心肝的秦明，把"天然美貌海棠花"的扈三娘嫁给"五短身材，一双光眼"的矮脚虎王英。可在当时江湖人看来，这正是大哥体贴人情之处，这也是宋江受到江湖人发自内心拥护的原因。梁山泊一百零八将，他们所受教养不同，贫富不一，地位相差悬殊，只有宋江能把这些很少有共同点的人黏合起来。对于社会地位高的如呼延灼、关胜等朝廷武将和地方富豪如卢俊义、李应，宋江能礼贤下士，仁厚待人，极尽谦卑、谦恭之能事；对于武松、石秀等社会层次较低的人则是推心置腹，痈瘰一体。如李逵那种蛮横粗鲁的作风，恐怕是人见人怕，常人所不能堪，连利用他的戴宗也有些讨厌他，经常戏弄他，唯有宋江对李逵却十分殷勤，甚至连对他责罚、打骂也都用父母责罚孩子的态度，旁人从中感受的也是亲切，这些都是做"大哥"的资质。

宋江壮大了梁山的队伍，并关心自己集团的每一个成员，希望善始善终，把梁山这艘巨舰引向安全的港湾（当然这一点不成功），安排好梁山兄弟的后半生，努力让他们有个好的结局（这一点也不成功）。如果我们不拿现代社会革命领袖的标准来要求他，就是从那个时代武装头目的角度来观察他，应该说梁山兄弟还没有跟错了人，李逵临死前说"生时伏侍哥哥，死了也只是哥哥部下一个小鬼"，李逵这种深情是梁山泊许多将领的感受，吴用、花荣就双双自缢宋江坟前。宋江尽了大哥的职责。这种人在武装反叛的领袖人物中也不是很多的。关于宋江的故事在其身后的广泛流传可能与此有关。

五、大哥形象的类型化

"大哥"本来是江湖团伙的领袖，但更是中国传统通俗文艺作品中类型化的人物形象，这种形象的出现往往有李逵式的人物为陪衬，暗示这些大哥们所带领的是有进击精神（或说造反精神）的一伙，他本身是具有领袖或潜在的领袖身份的。他们有可能成长为政治集团的领袖，也可能是一个集团的首领，但是他们不可能只生活于个人的私生活中，必然参与社会斗争。这种"大哥"超出了游民和江湖的生活范围，如《三国志通俗演义》中的刘备本是一国之长，在小说中则是"大哥"的形象，有张飞做陪衬；岳飞是爱国的、带有儒风的高级将领，然而在《精忠说岳》中他是"大哥"，并有牛皋做陪衬。其他如《说唐》中的秦琼，有程咬金做陪衬；《杨家将》中的杨延昭，有孟良、焦赞等做陪衬。这些"大哥"都是历史上实有其人的，在历史上他们地位各异，性格也有差异，然而他们在通俗文艺作品中出现时，都有了相近的性格（例如性格仁厚、关怀他人），在故事所描写的社会生活中起着类似的作用。

为什么会出现这种现象？一是生活本身的昭示。许多"打天下"的人物就是这种组合。有时人们说他们都是配着套来的，直到清末的曾国藩与鲍超的关系仍与此相类似。江湖艺人在自己的生活实践中，看到许多具有强烈造反精神的江湖人的文明度比较低，他们必须有"大哥"一类的人引导才好前行；而一帮有领袖欲的社会边缘人物只有在李逵这一类型人物为他打拼的努力下，他的愿望和理想才可以实现。从游民文化的反社会性来看，"大哥"式的人物是因李逵式人物的存在而存在的。或者说"大哥"类型的人物是游民造反生涯的制动器。二是"大哥"这种类型的人物具有一定的政治上的模糊性（从上面的分析可以看出），以市场为目的的通俗文艺作品的创作需要他们，因为他们的思想行为经常可以作两种或两种以上的解读，这样才能为这些描写游民生活和奋斗内容的文艺作品在专制主义统治下争取存在的空间。三是许多通俗文艺作品都是江湖艺人创作的，"大哥"的形象最初也是江湖艺人创造的。后来他们不仅用这种理解诠释游民生活，而且把历史上或现实中的许多故事照此去理解去诠释，于是就出现了许许多多并非是游民领袖的"大哥"。这种创造不仅成为一种创作模式，而且成为一种欣赏习惯，甚至把"大哥"这个词汇运用到生活之中，成为一种共鸣，不仅土匪中、起义军中有"宋大哥"，在日常生活中，那些带有点逆反倾向的集团中的头头也往往被人尊称为"某大哥"，这种影响一直波及到近代，只要关心一下反映这类生活的文艺作品都可以看到。

作品来源

发表于《名作欣赏》2010 年第 25 期。

《水浒传》江湖人物论（二）——摇羽毛扇的吴用

王学泰

导 读

吴用是小说《水浒传》中的主要人物，梁山泊排名第三。他满腹经纶，文韬武略，足智多谋，常以诸葛亮自比，道号"加亮先生"，人称"智多星"。梁山几乎所有的军事行动都是由他一手策划，是梁山起义军中的知识分子的代表，梁山起义军的军师，基层人民智慧的化身。一直以来，大家对《水浒传》里吴用的形象塑造众说纷纭，作为书中的重要人物，我们有必要对他进行认真的分析，对我们了解这本书有重要意义。

一、游民知识分子

作为文学形象来看，吴用塑造得不是很成功，但这个形象在梁山泊有着极重要的地位，其所蕴含的社会内容也极丰富，还是应该做深入分析的。

吴用的身份当属于游民知识分子，宋江文化水平并不逊于吴用，甚至高于吴用，但前面分析宋江并未说他是游民知识分子，因为宋江有稳定的职业和相当的财富。因此，只能按照宋江的职业——吏胥来确定其身份，视之为社会边缘人。而吴用确是游民知识分子，拙作《游民文化与中国社会》中说，学而优则仕，这就是古人读书的目的。读书人，而且奔走于出仕的路途上，不管他是否做了官，都被视为"士"。"游民知识分子则大多绝了出仕做官的愿望，不在这条路上奔走了。他们靠被文人士大夫所不齿的职业或手段去谋生"，他们不是"士"了。另外"游民知识分子比一般游民更具有'游'的特点，也就是说，他们的流动性更大"，而且"他们中间的许多人是混迹社会下层的，并与游民有着较密切的联系，成为游民的首领，或者是游民的意识、理想和情绪的表达者"。这类人物在宋代（特别是在南宋）开始大批地出现。吴用是符合这个标准的。

在经济、政治、文化和科学技术多种因素的刺激下，宋代文化教育得到空前的发展，使得读书人大量增多。有些掌握了一定文化但由于各种原因绝了做官的希望，又没有一定产业可以高卧归隐的知识人，就成了我所说的游民知识分子。这些人可能成为江湖艺人，可能成为各种各样的江湖骗子，可能成为豪门贵府的帮闲，也可能参与造反活动，关键在机遇。底层人物搞起来的无论是武装反叛还是武装抢劫集团，因为领导人没文化，活动的效益与规模都会受到影响，这时就需要有策划人、需要摇羽毛扇的出场协助。梁山上具有举足轻重地位的军师吴用，副军师、宗教代表公孙胜都是这类人士。有了这些人，情况就不一样了，他们会提出斗争策略、会神道设教，从而吸收更多的人加入反抗的队伍。此类人物参与决策，对于武装力量的壮大起着决定作用。例如为北宋真宗时益州起事的王均出谋划策的"宰相"张锴，就是"粗习阴阳，以荧惑同恶"的道士之流（见《通鉴长编记事本末·王均之变》）。南宋初杨幺起义最初领袖钟相也是巫师、道士一流。史书上说他"以左道惑众"（熊克：《中兴小纪》）。 梁山上的吴用、公孙胜也是宋江等武装抗争活动的重要决策人。

二、作为军师的吴用

吴用是个三家村学究，只是教授几个小小蒙童的乡村教师。中国虽然号称尊师重教，实际上对这种农村启蒙老师是很看不起的。《儒林外史》写了一个周进，他就是吴用一类角色，因为老成谨厚，谁都看不起，甚至包括他的学生及学生家长，被人嘲笑戏弄。而吴用不是这样，平时结交江湖朋友，在江湖上有自己的字号，一提智多星、吴学究、加亮先生，江湖朋友都知道；他还注意维持好在本地的关系，与独霸村坊的富户晁盖有很好的交情。从这些地方都可以看出吴用不是个安分守己的人物。他主动介入"智取生辰纲"的活动，而且成为谋主，诱使"三阮"入伙，完成了"七星聚义"，策划方案，最后把那十万贯金银珠宝搞到了手。从此他就成为晁盖、宋江武装集团的军师。

江湖艺人对这位军师学识与才智极尽赞美之能事，其出场的《临江仙》云：

> 万卷经书曾读过，平生机巧心灵，六韬三略究来精。胸中藏战将，腹内隐雄兵。
>
> 谋略敢欺诸葛亮，陈平岂敌才能，略施小计鬼神惊。名称吴学究，人号智多星。

就拿他在卢俊义家写的"藏头诗"（寓"卢俊义反"）来看真是显示不出什么才学来，与宋江在汴京李师师的筵席上那首《念奴娇》（天南地北，问乾坤何处可容狂客）根本不在一个档次上。至于政治与军事谋略，江湖艺人在塑造吴用的形象时尽量把他往《三国志通俗演义》中的诸葛亮身上靠，表面上有些像，其道号就叫"加亮先生"（《大宋宣和遗事》就叫吴加亮），仿佛比诸葛亮还高上一筹。实际上两者有明显的区别，虽然在"说三分"（《三国志平话》）和元杂剧中诸葛亮的形象被"妖道化"了，但《三国志通俗演义》的作者还是想还原诸葛亮的本来面貌。诸葛亮是个政治家，有政治目标和政治理想，对天下大事有个整体的认识和未来的设想，三顾茅庐，"隆中对"，未出茅庐而知天下三分。这些描写生动的故事情节十分成功地塑造了这位胸怀开阔、举止从容、谨慎对待出处进退的儒者、政治家的风貌。而吴用则是风闻有注横财要从此地过，马上凑了上去，看看自己有没有机会加入，从而得到分一杯羹的机会。虽然《三国志通俗演义》中的诸葛亮有些"智而近妖"，但他还是有人文关怀的。九十回写诸葛亮七擒孟获，火烧藤甲军，许多兵将死于山谷之中。诸葛亮垂泪叹曰："吾虽有功于社稷，必损寿矣！"左右将士，无不感叹。这是作者感叹，也写出了诸葛亮作为军师的自责，这是从尊重生命出发的。吴用就是以成功为目的，很少考虑到这种成功会给他人带来祸害，赤裸裸表现出游民贱视自己生命、漠视他人生命，只关注自己的成功和利益的特点。

吴用与晁盖等人初上梁山之时，寨主王伦不愿意接纳他们，于是，吴用秘密策划了林冲火并王伦。然后是鹊巢鸠占，反客为主，毫无不安之感。林冲请晁盖为山寨之主，晁盖有些惭愧，说自己是"强杀，只是个远来新到的人，安敢便来占上？"可是林冲把第二位让于吴用时，他就很少推辞，认为自己是当然第二位的人物。从表面上看来他是秀才打扮，"生得眉清目秀，面白须长"，一派文质彬彬，可是丝毫没有人文关怀，其行事残忍程度与李逵相去无几。他设计赚取卢俊义，不仅把卢俊义搞得家破人亡，卢俊义本人也是备尝苦难。在正月十五日放灯过节时攻城，更是使大名府城中老百姓吃尽了苦头。负责军事总调度的吴用根本没有顾及老百姓，还是柴进看到乱杀不好，"寻着吴用，急传下号令去，教休杀害良民时，城中将及损伤一半"，这才得到一些缓解。为了赚取朱仝，杀了年方四岁、生得端严美貌的小衙内。事情是李逵干的，主意是吴用出的，其罪更大于李逵。这些都表明读过书、教过书的吴用（那时儒家经典是必教书），仿佛儒家的东西对他没有什么影响，这在古代读书人中还是不多见的。

梁山泊在作者笔下一百零八人团结一致，亲密无间，实际上也有小圈子，不仅身份不同的人很难糅合到一起，即使都是山大王，也因为来自不同山头而有隔阂。不过这些都在"结义"和"替天行道"的名义下被掩盖了起来。宋江上山后，梁山就渐渐分出两大派系。一是晁盖，一是宋江。前面说过晁盖是个不作为的山大王，而宋江却充满了进击精神，积极进取。原属于晁盖小圈子的吴用，看到宋江势力大、人气高，不声不响走至宋江团队中来了。书中虽未细写，但也提到宋江得到"九天玄女""天书"之后，回到山寨"与晁盖在寨中，每日筵席，饮酒快乐，与吴学究看习天书。不在话下"。晁盖只有与宋江一起饮酒吃饭的份，而研习"天书"，却只有宋吴二人。作为有想法的二把手，宋江是把吴用看成自己的心腹。从此吴用一心追随宋江，唯宋江马首是瞻。七十一回后，梁山泊形势大好，宋江一心一意想招安，最有可能矫正宋江一厢情愿幻想的是吴用，而且他作为军师有这个责任，而吴用则是无所作为。在征辽的故事中，有辽国使者欧阳侍郎劝降故事，欧阳走后，宋江问吴用的意见：

> 吴用听了，长叹一声，低首不语，肚里沉吟。宋江便问道："军师何故叹气？"吴用答道："我寻思起来，只是兄长以忠义为主，小弟不敢多言。我想欧阳侍郎所说这一席话，端的是有理。目今宋朝天子至圣至明，果被蔡京、童贯、高俅、杨戬四个奸臣专权，主上听信。设使日后纵有功成，必无升赏。我等三番招安，兄长为尊，止得个先锋虚职。若论我小子愚意，从其大辽，岂不胜如梁山水寨。只是负了兄长忠义之心。"宋江听罢，便道："军师差矣！若从大辽，此事切不可提。纵使宋朝负我，我忠心不负宋朝。久后纵无功赏，也得青史上留名。若背正顺逆，天不容恕！吾辈当尽忠报国，死而后已。"

虽然宋江征辽的故事，系《水浒传》成书之后的补作，但吴用降辽的主张还是符合他的游民性格的，不就是解决个人发展问题吗？"人生失意无南北"，到哪里不是吃饭、做官、发财呢？吴用就是这个思路，由于宋江的反对，未能付诸实现。

《水浒传》吴用说了好几次"看我略施小计"，这也有自吹自擂之意。他的"小计"也常常有不灵，甚至误事的时候。江州假信就是一例，宋江没救了，把戴宗也绕了进去，最后不得不远行千里之遥，到江州冒险劫法场；打劫生辰纲号为"智取"，其实，不智之处很多。头一年的生辰纲被人劫走，抢劫者也没张扬，但直到晁盖等人"二取"之时，还未破案，可见其抢劫者都是高手，他们事前设计之缜密，事后灭迹之迅速，都远在晁盖、吴用这一拨之上。而黄泥岗这次，"取"了不到一个月，庆祝的筵席还没有吃完，远来的客人还没有告辞还乡，这个案子就破了，县里的差役就打上门来，晁盖的老宅也被毁了，如果不是在紧急关头宋江舍命向晁盖泄密，这个案子也许就被一锅端了，一个也跑不了。吴用的智在何处？也许真的是"无用"。

当然，吴用作为军师有着强大的话语权，因为在江湖人眼中的"军师"都应该是懂奇门，知遁甲，通阴阳，晓八卦；运筹帷幄之中，决胜千里之外，无所不能，得到所在集团上下一致的信任。吴用也是如此，在关键时刻和人心浮动之时，吴用善于运用他的话语权对于集团或大哥的决定做出合理的解释。公孙胜一上门，向晁盖说明是为生辰纲之事，吴用马上接上话头："保正梦见北斗七星坠在屋脊上，今日我等七人聚义举事，岂不应天垂象。此一套富贵，唾手而取。我等七人和会，并无一人晓得。想公孙胜先生江湖上仗义之士，所以得知这件事，来投保正。"于是，自计划劫取生辰纲以来所发生的一切都得到"上应天象"的合理解释。六十五回，梁山人马围攻大名府，久攻不下，天又降大雪，宋江身体不适，很想退兵，但此时有个最大的心理障碍，就是"义气"。因为卢俊义、石秀还关在大名府的死牢里，退军会不会威胁到他们的生命，是不是显得不够义气？义气是梁山泊里好汉之间的黏结剂，这是忽视不得的。此时宋江与吴用合作搞了晁盖显灵，让晁盖神灵昭示只有退兵才是出路。这次做梦的是宋江，解释的是吴用。宋江对众人讲晁大哥显灵托梦给他说他有"百日血光之灾"。吴用道："既是晁天王显圣，不可不依。目今天寒地冻，军马难以久住。权且回山守待，冬尽春初，雪消冰解，那时再来打城，未为晚矣。"这就决定了退军。在绝大多数情况下，吴用与宋江配合得十分成功。

吴用善观人情，善于利用神道设教、怪力乱神的知识或话语对自己有利的一面，避免祸端；在战争中，排兵布阵也还有一套，现在称为谋略。其特点是利用人与人之间的信任关系，打入对方，最后来个背叛（对原有信任关系的背叛，如孙立与栾廷玉的师兄弟关系），也善于用对方人际间的缝隙为自己制造机会（如挑拨林冲与王伦火并）。这样的人内心也极阴暗，怀疑一切（大刀关胜投降梁山泊后，关胜出兵，吴用仍对他很怀疑，派将领监视），处处显示出小家子气，毫无政治家、军事家的风度。因此，他谋略和军事上的技术技巧，也多是文人士大夫所称的"小夫蛇鼠之智"（宋濂语），不足与语大道，他确实应该属于游民这一阶层，是个不折不扣的游民知识分子。

‖作品来源‖

发表于《名作欣赏》2010 年第 28 期。

《水浒传》人物形象的比较和分析

黄姝敏　陈泽漫

导　读

　　《水浒传》作为我国四大名著中举足轻重的一部，不仅受到文学家的一致肯定，更被中国现今许多制片人所青睐。《水浒传》吸引人之处，不只在于它写了108位好汉，而在于写了性格形象各异的108位好汉。我们可以发现没有两位好汉是一模一样的，他们可能同属于一种类型，但是又各自为大类型下的一个小支。本文将选取三个大类型的人物来分析他们的不同。

一、粗鲁行事型

　　说到《水浒传》中的粗鲁人物，我们第一个想到的就是李逵，第二个想到的就是鲁智深，他们两个可谓是《水浒传》中的"粗鲁双侠"，行事风风火火，声音如雷般响亮。有人说可以把他们归为一类，但如果细细品味，就可以发现他们虽同为粗鲁人，但两人之间还是有较大的区别。

　　从形象上来看，李逵属于乡村野蛮汉一类，而鲁智深则属于忠厚义侠之人。《水浒传》中描写李逵时这样写道："黑熊般一身粗肉，铁牛似遍体顽皮。怒发浑如铁刷，狰狞好似狻猊。天蓬恶杀下云梯。"从这段文字我们可以得知，李逵一身粗肉，遍体顽皮，且面孔狰狞，一句"恶杀下云梯"，将他的本性无遗地表现出来。他就像一个没有经过任何教育的乡村野夫，我行我素，不被其他的法律或者道德所束缚。他如一颗不定时的炸弹，想爆炸就爆炸，什么事情都不考虑。

　　《水浒传》中描写鲁智深是："上穿战袍，腰系文武双股鸦青绦，足穿鹰爪皮四缝干黄靴。面圆耳大，鼻直口方，身长八尺。腰阔十围。"从"穿着战袍，腰系青绦，身长八尺，腰阔十围"等描写可知鲁智深是一个武生形象。我们都知道鲁智深还有一个别称，叫鲁提辖，提辖是一个官的称呼，在现在看来，鲁智深都可以算是国家公务员了，作为一个公众人物，当然是属于形象好气质佳的一类。而且鲁智深"面圆耳大，鼻直口方"，这样的长相，给我们一种比较温和的感觉。

从做事风格来看，李逵是极具有行动力的人，但他却缺乏思考，遇到什么事情都是杀杀杀，见人都是砍砍砍，做事情也从不考虑后果，频频惹祸。而鲁智深，如其名，虽鲁但智深，无论是拳打镇关西还是救金翠莲父女，都能够证明他是一个颇具智慧的人。在救金翠莲父女时，他懂得要堵在大门，防止他人通风报信。另一方面，他也懂得等金翠莲父女走远再去找镇关西算账，给金翠莲父女争取更多逃跑的时间。

二、尽忠报国型

在《水浒传》中，还有另一种典型人物，就是尽忠报国型，一提起忠我们不得不谈的就是宋江，宋江从梁山第二把手晋升为第一把手后，就下了第一条关乎梁山兴亡的大决策——招安。招安是对朝廷的妥协、对朝廷示弱，尽管众多兄弟坚决反对，却依旧没能够改变他的想法，阻止他的行动。宋江宁愿愚忠被招安后遭受各种不幸，也不愿意落得个反对国家的罪名。

他自始至终，忠于皇帝，忠于宋朝，忠于整个封建社会制度，直到最后被赐毒酒，都不忘为宋朝解决后患杀掉李逵。宋江在整部《水浒传》中将古代人那种尽忠报国，君要臣死臣不得不死的忠君思想发挥得淋漓尽致。

而另一个忠君思想深入骨髓的人便是林冲，尽管妻子被调戏，遭受好友背叛，从误入白虎堂到风雪山神庙，他明知是遭奸人所害，却依旧想着靠着他们重新回到朝廷。如果不是逼不得已，他绝不会去投梁山。上梁山有两种人，一种是自愿上梁山，另一种是被逼的才上梁山，林冲就是属于第二种。

宋江和林冲他们都是属于尽忠报国型的人，但如果我们剖开忠的外表去看他们尽忠的实现方式，我们就可以发现，他们之间是有很大的不同。

宋江看惯了朝廷的黑暗，却不敢推翻朝廷，去创建一个能够让老百姓安居乐业的国家。他是选择一种曲线救朝廷的方式来实现自己的忠义，他选择将梁山做大做强，让自己强大到足以跟朝廷的奸佞抗衡，和整个朝廷抗衡。宋江的目标是拥有与朝廷谈判的资本，让朝廷做退一步的打算，他以反叛的方式来实现自己的忠。

而林冲是一味顺从朝廷，祈求得到他们的重视而能够在仕途上得以升迁。当发现高衙内正在调戏自己的妻子时，他竟然能够强加忍受，给高衙内有逃跑的时间。当高太尉说想见林冲时，尽管自己的妻子被高太尉儿子调戏，但出于想接近高太尉的目的，他还是选择前行了，最终酿成了误入白虎堂的惨祸。当被刺配时，受差役刁难和陷害，他还一味顺从，希望服役期满时，可以回到家中与妻子团聚，但无奈一退再退，最终无路可退，才选择手刃陆谦然后上梁山。

三、聪明智慧型

《水浒传》中还有一类人物，他们犹如《三国演义》中的诸葛亮，上知天文，下知地理，身怀绝技，无所不能，最有代表性的当数梁山泊的吴用和公孙胜，他们同属于梁山集团的智囊团成员，为梁山出谋划策。

通过研读我们可以发现他们之间的不同，我将从儒学思想和道家思想这两个切入点来对吴用和公孙胜进行分析研究。

作为梁山泊的正牌军师，吴用无论在形象还是在言语上颇有中国儒学之风，论才学能力，公孙胜和他不相上下，但为什么吴用却可以作为梁山集团的正牌军师呢？这其中有一个很大的原因就是吴用是尚儒学，具有浓厚的入世思想，他适合宋江的需要，适合整个梁山的需要。他是为了得以做官谋士才加入梁山泊，推替天行道为梁山的主旨只是为了得到老百姓支持，让天下英雄好汉得以归于梁山泊旗下，进而去做大梁山、做强梁山。

将梁山做大做强是目的，而替天行道安抚百姓是其实现目的的手段，这与宋江的意图具有共同性，因而能够得到宋江的重用。

在宋江选择被朝廷招安时，吴用第一个站出来支持他，他也想着自己能够被朝廷认同，然后有官可以做，丝毫没有想过要自己独立成立一个朝廷，这是他的一个局限。他具有浓厚的忠君思想，认为应该尊君，不能推翻朝廷、反叛封建制度，避免日后落得个逆臣之名。

公孙胜道号为一清先生，很明显他是属于道家学派的代表人物。宋朝时期，举国信道，连当朝皇帝宋徽宗都自称为道君皇帝。道家如此得皇上之心，公孙胜又有才华，想得到皇帝的赏识轻而易举，不费吹灰之力，但他无心从政，厌倦官场，想救百姓于水火之中，故而将生辰纲一事告知晁盖等人，欲让他们截取生辰纲去救百姓于水火之中，去救济贫困之人。

公孙胜一路帮助梁山从建立到扩大到最终达到鼎盛的目的在于希望梁山能够强大到帮助百姓，这才是他的最终目的，梁山是实现他宏伟理想的工具，这一点与吴用有很大的区别。公孙胜不求名，不求利，只求给百姓一个安稳的环境，让百姓能够过上安居乐业的生活。当宋江一伙决定被招安时，这打破了公孙胜一直的期望，让公孙胜两次以离家多日想回家尽孝的理由离开梁山泊。公孙胜属于道家学派人物，没有任何与世竞争的念头，也没有谋取功名的意愿。

通过分析这三组人物，我们可以发现《水浒传》中的108位好汉，他们难免有相似的地方，同属于一个大类型下的人物，或粗鲁或忠义或智慧。但当我们将其中两个相似的人物放在一起进行分析时，却又发现他们之间确实存在着许多不同的微妙区别，所以我们在读文本时，要细细地研读，这样我们才能够在字里行间去发现作者描写人物的奥妙之处，为我们日后创作提供一定的方法和借鉴。

作品来源

发表于《大众文艺》2016年第22期。

《水浒传》英雄主义新论

蔚　然

导　读

　　《水浒传》在明代就曾与《三国演义》被合刻为《英雄谱》。相对于《三国演义》中正统的救世济民的英雄主义，《水浒传》体现的英雄主义具有鲜明的时代特色，受市民阶层思想观念的影响更深，倾向于以自我为核心，具有最大化追求精神利益与物质利益的特点，呈现出有悖于传统英雄观的新特征。

　　《水浒传》在明代就曾与《三国演义》被合刻为《英雄谱》，"《三国》《水浒》二传，智勇忠义，迭出不穷，而两刻不合，购者恨之"①。可见，其共同之处是塑造"智勇忠义"的英雄群像。相对于《三国演义》中帝王将相式的英雄，《水浒传》的英雄则更多来源于下层社会，其身份囊括农民渔夫、市井商贩、屠夫刽子、下级官吏，等等。因而，《水浒传》体现的英雄主义具有鲜明的时代特色，受市民阶层思想观念的影响更深。与《三国演义》中正统的救世济民的英雄主义相比，《水浒传》中的英雄倾向于以自我价值为核心，具有最大化追求精神利益与物质利益的特点，呈现出有悖于传统英雄观的新特征。清代王望如对宋江的分析足够深刻："宋江豪滑大侠，草泽亡赖，生当盛时，必不郁郁居人下。拘以名位，縻以爵禄，自不至犯上作乱而为盗。最可异者，世人将钱买官，宋江则将钱买盗。将钱买官者，事发治以盗之罪；将钱买盗者，事发加以官之名。若论时宜，公明何其得

---

① 雄飞馆主人.刊刻英雄谱缘起［M］/丁锡根.历代小说序跋集.北京：人民文学出版社，1996.

计也。"①宋江胸怀大志，怎奈出身低微，若循常规，注定一生不能出人头地，但其对实现自我价值的强烈渴求使其"必不郁郁居人下"，所以，只能选择由盗而官的捷径。宋江是很大一部分梁山好汉的缩影，不切实际的野心与抱负促使他们选择非常规的途径，这是《水浒传》英雄主义的新特征。也有学者持另外的观点，"文人赞颂水浒，主要感慨其英勇孔武"。②下面，笔者就从几个方面来进行分析。

一、珍惜生命是英雄主义的坚定基石

梁山好汉们虽然斗争时不畏艰险、勇猛向前，但生死攸关的时刻总是无条件地选择珍惜生命。他们并不是一味愚莽，而是见机行事，保全性命，"文死谏，武死战"等传统名节观念对他们并没产生太大的影响。小说中反复出现的一个情节模式——"招供"，就是有力的佐证。严刑拷打之下"招供"的情形在多个被俘好汉身上都出现过，小说在叙写这类情节时，语言几近雷同，形成了模式化的表述。例如，智取生辰纲之后，白胜被官府捉拿拷打，"白胜又捱了一歇，打熬不过，只得招道：为首的是晁保正，他自同六人来纠合白胜，与他挑酒，其实不认得那六人"③（第 17 回）。柴进因李逵打死殷天锡，亦被屈打成招，"众人下手，把柴进打得皮开肉绽，鲜血迸流，只得招做'使令庄客李大打死殷天锡'"（第 51 回）。李逵被罗真人戏弄，落到蓟州马知府手里，"众人只得拿翻李逵，打得一佛出世，二佛涅槃。马知府喝道：'你那厮快招了妖了，便不打你！'李逵只得招做'妖人李二'"（第 52 回）。卢俊义被梁中书拷打，"左右公人，把卢俊义捆翻在地，不由分说，打得皮开肉绽，鲜血迸流，昏晕去了三四次。卢俊义打熬不过，伏地叹道：果然命中合当横死，我

① 王望如 . 评论出像水浒传总论［M］/ 丁锡根 . 历代小说序跋集 . 北京：人民文学出版社，1996.
② 胡以存 . 南、北支水浒故事与《水浒传》成书［J］. 明清小说研究，2015（3）：70—83.
③ 施耐庵 . 水浒传［M］. 济南：齐鲁书社，1992.

今屈招了罢！"（第61回）戴宗给蔡知府下假书信，被发现疑点后，"把戴宗捆翻，打得皮开肉绽，鲜血迸流。戴宗捱不过拷打，只得招道：'端的这封书是假的。'"（第39回）英雄们虽然铁骨铮铮，但并不迂腐，在性命与名节之间，他们更倾向于对生命的珍惜。武艺高强如卢俊义，性格暴烈如李逵，竟然一无例外地选择有辱名节的"招供"作为权宜之计。另外，那些家世显赫、身居要职的如呼延灼、秦明、关胜等朝廷将领，战败被梁山好汉俘虏后，无一不选择归顺投降，宁可先冒不忠不义之名等待以后朝廷招安，而不是选择以死殉节。

同时，遭遇灾难走投无路之时，好汉们同样是出于对生命的眷恋，绝不逞一时之气，而是忍辱负重苟活于人世。如杨志丢了生辰纲之后，"话说杨志当时在黄泥冈上，被取了生辰纲去，如何回转去见得梁中书？欲要就冈子上自寻死路。却待望黄泥冈下跃身一跳，猛可醒悟，拽住了脚，寻思道：'爹娘生下洒家，堂堂一表，凛凛一躯，自小学成十八般武艺在身，终不成只这般休了。比及今日寻个死处，不如日后等他拿得着时，却再理会。'"（第16回）鲁智深打死镇关西之后，自己寻思，"洒家须吃官司，又没人送饭，不如及早撒开"（第2回），看到担了人命官司，选择逃跑。梁山好汉对生命的珍惜远重于对名节的珍视，这也是市民意识赋予英雄的新特质，令读者耳目一新。

二、追求人格自由是英雄主义的核心

掀开梁山聚义序幕的是林冲，而林冲的经历是典型的"官逼民反"。所以，"逼上梁山"说一直在学界占有重要地位。但是，这种情况在梁山好汉中并不多见，不能以一概全。笔者通过详细统计，归纳出一百单八将落草为寇的动因主要有如下几种：

第一，被官府或权豪逼上梁山。这种情况正符合我们通常提到的"逼上梁山"的含义。此类人物本是顺从法律、受社会道德约束的本分之人，但不幸的是，他们遭遇到了特权阶层的无理迫害，并且依靠公理或个人努力都无法解决。因此，在性命不保的情况下不得不走上反抗道路，公开站到官府的对立面。真正符合这一标准的在一百单八将中只有林冲、解珍、解宝3人，也即他们3人才符合"逼上梁山"的情形。

第二，触犯法度为躲避官司而落草避难者，共21人，分别是晁盖等8人劫生辰纲，鲁智深、杨志、武松、雷横、孔明、孔亮、杨雄、石秀、王英、石勇、邓飞、孟康、裴宣杀人避祸。同样是为了避难，其与上种情况的区别是，这类好汉触犯法度的主观动机比较强，实质上是对当时社会秩序的挑战。例如晁盖，本有庄园田产，却不安于现状，主动劫取巨额财富，最后被官府追捕而只得落草避祸。再如杨雄、石秀，遭遇问题时并不信任官府，不曾向官府提起诉讼。由于他们更相信自己的武力，所以手刃仇人而后快，最终欣然落草为寇。这类人实质上是不满于社会规则，主动向社会挑战。

第三，搭救、包庇或结交罪犯盗匪而受牵连，从而走上落草为寇的道路。这种情况共26人，分别是史进、宋江、柴进、曹正、施恩、花荣、李俊、童威、童猛、薛永、张顺、穆弘、穆春、戴宗、李逵、朱富、李云、杜兴、宋清、乐和、顾大嫂、孙新、孙立、燕青、蔡福、蔡庆。许多研究者也注意过这一现象："柴进作为封建显宦，怎么有那么大的兴趣和犯了弥天大罪的江湖人士混在一起？"[①]他们在与盗匪交通之时便清楚知道将承担怎样的风险，但仍然义无反顾，其实也是包含了主动向社会挑战的决心。

第四，被梁山好汉"逼上梁山"。梁山好汉对于自己倾慕的或对山寨发展有特殊意义的人物，就想方设法诱其入伙，甚至不惜采用所谓的"绝户计"，断人后路，使其再无生存余地，不得已上梁山落草为寇，也就是被梁山好汉"逼上梁山"。这类也有11人，分别是朱仝、卢俊义、李应、徐宁、秦明、侯健、金大坚、萧让、安道全、皇甫端、扈三娘。深受"绝户计"之苦的，除了最为典型的卢俊义，秦明也是其中之一。"宋江开话道：'总

---

① 杨大忠. 从货币信息看《水浒传》研究中的问题 [J]. 明清小说研究, 2016（1）：91—104.

管休怪，昨日因留总管在山，坚意不肯，却是宋江定出这条计来，叫小卒似总管模样的，却穿了总管的衣甲、头盔，骑着那马，横着狼牙棒，直奔青州城下，点拨红头子杀人。燕顺、王矮虎带领五十余人助战。只做总管去家中取老小，因此杀人放火，先绝了总管归路的念头。'"（第33回）为了实施这一计策，城外多少无辜百姓被梁山好汉杀死，而秦明全家妻小也被青州慕容知府所杀。宋江这段话，无疑是对"绝户计"的最好诠释。梁山好汉为达目的不择手段的行径，从本质上来说并不比统治阶层对民众的迫害更为逊色。

第五，朝廷官员在征剿梁山作战时被俘投降，共有15人，分别是黄信、呼延灼、韩滔、彭玘、凌振、关胜、郝思文、索超、单廷圭、魏定国、张清、龚旺、丁得孙、宣赞、董平。

第六，流落江湖向往占山为王的生活，主动寻找机会落草者，共有12人，分别是王定六、焦挺、时迁、汤隆、段景住、杨林、张青、孙二娘、燕顺、吕方、郭盛、欧鹏。例如时迁听说杨雄、石秀要投奔梁山，便说："小人如今在此，只做得些偷鸡盗狗的勾当，几时了？跟随得二位哥哥上山去，却不好？"（第45回）另外，还有2个特例就是李忠和郑天寿。此二人先流落江湖卖艺，后分别落草桃花山和清风山，最后共同聚义上梁山。

第七，作品中没有交代原因，人物一出场就已经啸聚山林，或依水打劫。这批人也达19人之多，分别是朱武、陈达、杨春、周通、杜迁、宋万、朱贵、李立、张横、蒋敬、马麟、陶宗旺、邹渊、邹润、樊瑞、项充、李衮、鲍旭、郁保四。

另外，梁山好汉啸聚山林之前的社会身份，严格意义上为农民的只有陶宗旺1人，有37人为官吏，13人为地方富户，14人经商（开店或做小本生意），3人为渔夫，2人为猎户，1人为道人，3人为秀才，5人有一技之长，29人本来就闲荡江湖或不明原因以剪径为生。正如天都外臣所言，"其人则王侯将相，官师士农，工贾方技，吏胥厮养，蛆佝舆台，粉黛缁黄，赭衣左衽，无所不有"。①

通过对梁山一百单八将情况的细致分析，不难看出，好汉们落草为寇，与其说是"逼上梁山"，还不如说是主动反抗社会的结果。对此，金圣叹早就做过评价："其幼，皆豺狼虎豹之姿也；其壮，皆杀人夺货之行也。"②他们遭遇压迫时，不会忍气吞声、逆来顺受，而是以自己的方式解决问题，以获得自由，如手刃仇人或劫狱劫法场等方式；有的人甚至还不满足于现状，主动向社会挑战，追求理想化的自由。他们身上洋溢着澎湃昂扬的英雄激情，争取个人权利时不依常法，希冀凭借自己的武力重建社会秩序。而啸聚山林正是他们冲破现实束缚、实现抱负的最简洁的途径。因此，"逼上梁山"的说法被赋予了全新的含义。同时，35%的朝廷官吏与12%的富户，占据了梁山好汉中过半人数。这批属于社会特权阶层的人参与造反，并不是为了解决基本的生活问题，而这更说明英雄们追求绝对自由、实现自我价值的强烈愿望。

三、满足物质欲望是英雄主义的指向

《水浒传》中，"大口吃肉，大碗喝酒，大秤分金银"是众多好汉上梁山的初衷。这句浅显易懂的口号寄托着他们力图摆脱现实生活的困窘与制约，希望能够无限制地满足物质欲望的纯朴理想，这也是他们落草为寇、啸聚山林最朴素的原因。戴宗劝石秀入伙，"去投奔了宋公明入伙，如今论秤分金银，换套穿衣服"（第43回）。朱贵劝朱富入伙，"你在这里卖酒，也不济事。不如带领老小，一发入了伙。论秤分金银，换套穿衣服，却不快活？"（第42回）

正因为有着强烈的物质欲望，所以好汉们对于金钱都格外看重。作品中多处出现"英雄爱财"的描写，例如武松血溅鸳鸯楼之后，蘸血在墙上

---

① 天都外臣. 水浒传叙［M］／丁锡根. 历代小说序跋集. 北京：人民文学出版社，1996.

② 金人瑞. 第五才子书施耐庵水浒传：序二［G］／马蹄疾. 水浒资料汇编. 北京：中华书局，1977：50.

大书"杀人者，打虎武松也"。真乃英雄行为，豪气冲天，但随后就"把桌子上器皿踏扁了，揣几件在怀里"（第30回），只因这些酒器都是银器皿。杨雄在翠屏山杀妻之后，"又将这妇人七件事分开了，却将钗钏首饰都拴在包裹里了"（第45回）。杨雄丝毫不顾惜潘巧云的生命，但对她那几件尚值几两银子的首饰却分外珍惜。李逵杀死李鬼之后，接着就进房里搜寻，"只见有两个竹笼，盛些旧衣裳，底下搜得些碎银两并几件钗环，李逵都拿去了，又去李鬼身边搜了那锭小银，都打缚在包裹里"（第42回）。又如，吴用说服"三阮"劫取生辰纲，也特别强调金钱带来的快乐，"取此一套不义之财，大家图个一世快活"（第14回）。

正因为众多江湖好汉看重钱财，所以客观上金钱还能起到收买人心的作用，于是"疏财"就被视为"仗义"的同义词了，也成为一些佼佼者树立威信的惯常手段。晁盖能够江湖闻名，就是因为"平生仗义疏财，专爱结识天下好汉，但有人来投奔他的，不论好歹，便留在庄上住；若要去时，又将银两资助他起身"（第13回）。宋江亦是"但有人来投奔他的，若高若低，无有不纳，便留在庄上谷馆，终日追陪，并无厌倦；若要起身，尽力资助，端的是挥金似土"（第17回）。柴进大名远播，也是因为"专一招集天下往来的好汉，三五十个养在家中"。但有来投奔他的，他必尽力资助。他们满足了那些流落江湖好汉的物质需要，这种慷慨行为也被绿林作为衡量人格的基本原则。

《水浒传》中，不论物质欲望使好汉们放弃琐碎的常规生活落草为寇，还是物质为一些豪杰赢得美名，都是从两个侧面体现了英雄们对物质的强烈渴求。

四、弱肉强食是英雄世界的生存法则

首先，我们来分析《水浒传》中以强凌弱的正义呈现现象。在普通百姓心目中，英雄必然要具备惩恶扬善、扶危济困的品质。但《水浒传》中表现出来的英雄观，更关注他们是否具有凌驾众人之上的足够的勇力，而不是正义的品质。哪怕强悍到可以恃强凌弱，也并不妨碍他们成为英雄。

（一）"夺山寨"情节模式对"恃强凌弱"的诠释。《水浒传》中描写好汉们为了给自己争得一方立足之地，最常用的办法便是以强凌弱，以武力强取自己看中的山寨，哪怕这个山寨早已是其他豪杰的属地。因此，小说中"夺山寨"这一情节模式应运而生。最初的"夺山寨"情节，就是始于群雄在刀光血影中争夺水泊梁山。晁盖智取生辰纲事发后无处可去，吴用听说梁山泊"好生兴旺，官军捕盗，不敢正眼儿看他"（第17回），决定投奔梁山。可是原有首领王伦并不接纳他们，吴用便计激林冲火并王伦，晁盖才做得一山之主，从此占据梁山。随后，杨志和鲁智深走投无路时，听说青州的二龙山地势险要，"却是青州地面，有座山，唤做二龙山，山上有座寺，唤作宝珠寺，那座山生来却好，裹着这座寺，只有一条路上得去"（第16回），便决意夺取下来作为安身立命之所。二龙山原来的头领邓龙自然不是他二人的对手，其在争夺过程中被杀，杨志和鲁智深便抢占山寨占山为王了。另外，邓飞、裴宣所占的饮马川，被戴宗赞叹"山沓水匝，真乃隐秀"，事实上也是邓飞他们从别人手里抢来的，"原是几个不成材小厮们在这里屯扎，后被我两个来夺了这个去处"（第43回）。从"夺山寨"这一情节模式可以看出，英雄的法则是非常规的，他们膜拜武力，强者为王，勇者为胜，恃强凌弱就是英雄公认的法则。

（二）滥杀无辜是恃强凌弱的恶性延续。如果说"夺山寨"还局限于英雄对有抵抗实力的反对者的打压，而滥杀无辜则是对欺凌弱者的非人性延伸。三打祝家庄时，扈家庄扈成本已投降，并绑了祝彪送给宋江，但遇到李逵"正杀得手顺，直抢入扈家庄里，把扈太公一门老幼，尽数杀了，不留一个"。宋江问他活捉俘虏有几个，李逵说："谁鸟耐烦，见着活的便砍了。"（第49回）李逵的自豪与宋江的纵容，体现了英雄们对无辜生命的不尊重。宋江为了诱朱仝上山落草，把朱仝带出去看灯的小衙内杀了，"朱仝乘着月色明朗，径抢入林子里寻时，只见小衙内倒在地上。朱仝便把手去扶时，只见头劈做两半个，已死在那里"（第50回）。为了成就英雄大业，最无辜的小孩都可以成为牺牲品。但小说对此类行为并没有流露出丝毫的谴责，这反倒成为烘托英雄性格的常用的表述手段。而且，滥杀无辜不是个别行为，几乎是梁山好汉的常态。攻打大名府时，蔡福提醒柴进："'大官人可救一城百姓，休教残害。'柴进见说，便去寻军师吴用。比及寻着，吴用急传下号令去时，城中将及损伤一半。"（第65回）梁山好汉攻城之时并无任何首领考虑过无辜百姓的遭遇，小说叙写屠城这种惨无人道的行径也丝毫没有贬低好汉们英雄豪气的意味。

（三）对恶行的欣赏。恃强凌弱发展到极致，便是对弱者痛苦的漠视。《水浒传》描写好汉杀人时，往往对恶行细节以欣赏的态度津津乐道，似乎非此不足以表现英雄的豪迈情怀。

宋江怒杀阎婆惜，"宋江左手早按住那婆娘，右手却早刀落，去那婆惜颡子上只一勒，鲜血飞出，那妇人兀自吼哩！宋江怕他不死，再复一刀，那颗头，伶伶仃仃，落在枕头上"（第20回）。杨雄杀潘巧云时，"一刀从心窝里直割到小肚子下，取出心肝五脏，挂在松树上"（第45回）。如此残忍的行径，作者却以细致的表述、欣赏的口吻来衬托英雄的霸气与豪气。小说中还经常有吃人心的详细描写。黄文炳被抓后，"李逵方才把刀割开胸膛，取出心肝，把来与众头领做醒酒汤"（第40回），甚至还有对烹制心肝的经验之谈。宋江被王矮虎抓住后，"王矮虎便道：'孩儿们快动手，取下这牛子心肝来，造三分醒酒酸辣汤来。'只见一个小喽啰，掇一大铜盆水来，放在宋江面前。又一个小喽啰卷起袖子，手中明晃晃拿着一把剜心尖刀。那个掇水的小喽啰，便把双手掇起水来，浇那宋江心窝里。原来但凡人心，都是热血裹着，把这冷水泼散了热血，取出心肝来时，便脆了好吃"（第31回）。小说对这一恶行的描写不仅没有丝毫避忌，还充满兴致地把吃人心的心得经验娓娓道来，这无疑是对任人宰割的弱者肆意的凌践，是受到强权鼓励的性恶的恶性膨胀。

其次分析梁山政权的权力倾轧现象。啸聚山林的生存法则，就是能者为先，而梁山好汉的最高目标，便是山寨头领这一位置。一百单八将中，具备争夺首领资格的只有晁盖与宋江了。因此，小说在塑造英雄形象的时候，并没有回避他们的权力斗争。

"领袖是不需要盖世武功和超卓智慧的，他们只需要具有独一无二的人格——让天下英雄归服的领袖人格。"[1]晁盖从劫取生辰纲到火并王伦，以及经营早期的梁山大业，一直能够让众人臣服，因而居于首领之位。但自从宋江落草之后，宋江的威信越来越压过晁盖，其中原因当然是很复杂的，但不排除蓄意的权力倾轧。宋江上山之后，每当遇到冲锋陷阵的事情，总是不畏艰险，首当其冲。这一方面出于他对梁山大业的热忱，另一方面也为自己收买人心做好铺垫，并逐渐把晁盖架空。晁盖并非畏惧艰险之人，宋江入伙之前，他曾经多次涉险，亲自带兵下山做出种种壮举，包括江州劫法场救宋江，都是身先士卒。但是，宋江上山之后，就把晁盖定位为坐镇山寨的高高在上的符号式的首领，并阻止晁盖下山。例如，攻打祝家庄时，晁盖说："我亲领军马去洗荡了那个村坊，不要输了锐气！"可是，宋江第一次抬出冠冕堂皇的理由："只是哥哥山寨之主，岂可轻动？小可不才，亲领一支军马，启请几位贤弟们下山，去打祝家庄。"（第46回）面对这样的恭维与定位，晁盖一定接受得心安理得。可接下来，宋江似乎不想再给晁盖冲锋的机会。当得知柴进被陷高唐州时，晁盖提出要亲自下山救柴进，"柴大官人自来与山寨有恩，今日他有危难，如何不下山去救他？我亲自去走一遭"。可是宋却以同样的理由进行阻拦，"哥哥是山寨之主，如何可便轻动？小可和柴大官人旧来有恩，情愿替哥哥下山"（第51回）。同样，孔明在青州被呼延灼所虏，孔亮去梁山求救，晁盖说："三郎贤弟，你连次下山多遍，今番权且守寨，愚兄替你走一遭。"宋江再次拿出同样的理由，"哥哥是山寨之主，不可轻动……小可情愿请几位弟兄同走一遭"（第57回），紧接着，鲁智深与史进被

---

[1] 熊明. 宋江：反抗道路思考的人格化呈现［J］. 明清小说研究，2015（4）：154—169.

陷华州,晁盖大惊,同样提出自己亲自下山去救,"既然两个兄弟有难,如何不救?我今不可耽搁,便亲去走一遭。"宋江并不打算给晁盖机会,"哥哥山寨之主,未可轻动,原只兄弟代哥哥去"(第58回)。此时,宋江已不用太多的解释,"原"表现了本该如此,已形成惯例,不需异议。打徐州芒砀山时,"宋江听了,大怒道:'这贼怎敢如此无礼!小弟便再下山走一遭!'"(第58回)此处小说没有提及晁盖的反应,似乎已经没有他争取的余地。晁盖对宋江的排挤并非没有知觉,因为每次宋江舍命下山搭救兄弟,就会换来别人对他的过命交情,还有建功立业的光环。作品中也多次提到山寨中人几乎都是宋江的心腹,例如,吴用劝宋江做山寨之主时说,"况兼众人多是哥哥心腹,亦无人敢有他言"(第59回)。于是,在攻打曾头市时,晁盖不想继续忍让了,他的决心坚定而悲壮,"这畜生怎敢如此无礼!我须亲自走一遭,不捉得这畜生,誓不回山!"(第59回)晁盖自知机会不多,所以不顾一切勇往直前,结果过于急功近利,忽视一些明显的破绽,出师未捷身先死。晁盖临终前对宋江留下遗言,"贤弟莫怪我说:若哪个捉得射死我的,便教他做梁山泊主"(第59回)。他在弥留之际才决心公开违拗宋江的心意(贤弟莫怪我说),以独特的方式阻挠宋江登上第一把交椅,其中充满了对宋江的反感,也是权力斗争中失败者的最后哀叹。《水浒传》对待晁、宋的权力斗争的描写是非常客观冷静的,并没有肤浅地流露叙述者的主观倾向,可见其对权力倾轧也是造就英雄的方式之一的认同。

综上所述,《水浒传》的英雄主义在独特的时代背景下,在市民意识的影响下,呈现出独特的风貌,丰富了英雄主义的内涵。

‖作品来源‖

发表于《昆明学院学报》2017年第2期。

第三章

奇文共赏·比较阅读

比较《三国演义》与《水浒传》的人物刻画

张君珺

导 读

　　我国古典四大名著中的《三国演义》和《水浒传》是明代小说的重要代表作，其中《三国演义》的作者是明代罗贯中，《水浒传》的作者是元末明初的施耐庵。《三国演义》和《水浒传》成书以来一直为广大民众所喜爱，究其原因当为两书塑造人物的成功所致。《三国演义》中的人物个性较固定，终其一生变化不大，有人物本身的鲜明特点。《水浒传》中人物形象刻画比较《三国演义》往往具有复杂多变性。

　　成书于元末明初的《三国演义》和《水浒传》堪称我国小说发展史中的集大成之作，其创作成就对后世的小说写作影响深远，其独特的艺术魅力至今使人读之则不忍释卷，心潮澎湃。究其原因，概其别具匠心的人物形象刻画所致。

　　《三国演义》的人物形象刻画表现为突出人物性格的主要方面，舍弃了人物性格的次要方面，从而使得人物成了具有特征化性格的典型。例如以奸雄著称的曹操，以忠义闻名的关羽，以智绝名世的诸葛亮，等等。小说在塑造这些特征化的典型时主要运用了以下手法：

1. 出场定型

　　如曹操的少年时装中风以诬陷自己叔叔，诸葛孔明的隆中卧龙写照以及武松的景阳冈打虎，等等。这些人物的出场描写就奠定了人物的主体性格。

2.反复渲染

主要是围绕人物的主要性格，从多个角度、多个层面上加以丰富，使得人物性格在单一中又透着繁复和驳杂。如既写曹操的残暴专横，又写他的奸诈诡辩；既写他的知人善任，又写他的用人多疑；既写他的目光远大、雄才大略，又写他的狭隘踟蹰。这样形象鲜明地刻画了一个智谋与心机并重的"古今来奸雄中第一奇人"。

3.采用传奇故事和细节刻画来突出人物性格特征

如写张飞在长坂坡的三声怒吼居然使得"曹操身边夏侯杰惊得肝胆碎裂，倒撞于马下"，曹操兵马"人如潮退，马似山崩"，其勇猛之形象活脱脱而出。再有诸葛亮的不出隆中而知天下事，识得天象而借得东风，都把人物形象刻画得呼之欲出。

4.善于运用对比和烘托等手法

刘备是作者大力刻画的仁者形象，出于写作需要，曹操正好作为奸诈的方面来衬托刘备的大仁大义。另外三顾茅庐时刘备、关羽、张飞三人对待诸葛亮避而不见的不同表现也进一步形象生动地刻画了人物性格，使得人物形象栩栩如生。在运用对比手法对人物进行刻画时，作者还注意表现出同一类型人物的"同中不同"。如同为智者的周瑜、司马懿、诸葛亮，他们的智又有差异，周瑜是忠而量小，司马懿是智而多疑，诸葛亮是智而忠。都是奸诈之徒的曹操、袁绍、董卓，其奸诈又分别表现为奸中有雄，奸中有柔，奸中有愚。

《水浒传》人物形象刻画表现为个性鲜明，真实感强烈。其刻画人物形象的主要手法有：

1.在环境的变化中塑造发展的人物性格

如同样写被逼上梁山，李逵是出于农民意识的不平则反；武松是出于对封建法纪的突围；林冲很明显带有无法忍耐之情；杨志是由效忠到叛逆再到招安。他们的形象及性格都是随环境变化而改变的。

2. 对比烘托

如同样写杀淫妇，武松是为兄弟，讲的是情；宋江是为朋友，讲的是义；石秀则完全是为了自己。同样是打抱不平，鲁智深表现的是一种侠气；武松更多的是义气（如他打蒋门神）；李逵则表现出一种粗俗气（如他打殷天锡）。

3. 多层次，多角度

如写到梁山领导人王伦时，突出了他的反抗精神，同时也写了他的心胸狭窄，嫉贤妒能。写晁盖时，既写了他的仗义疏财、为人豁达，又写了他的称霸一方、刚愎自用。写宋江时，肯定了他的领袖地位，但也说他是个懦夫，是个小人，是梁山事业的掘墓者。这也可以说是在"同而不同"中见出人物形象的差异。这些是人物自身的"同而不同"性格体现，另外在人物之间也有这种"同而不同"的刻画，如写不同人物的打虎、杀淫妇、劫法场、捕盗，等等。

综上所述《三国演义》与《水浒传》的人物刻画手法上大体上相同，《三国演义》的人物形象刻画过于突出人物主要性格，这种强调又堕入了人物完人化、"超人化"的理想状态。《水浒传》的人物形象注重现实性和时空感。人物形象更加丰满真实，更贴近人们的现实生活。另外《水浒传》所写的人物表现出了对个人物欲和享乐的追求，人性张扬的色彩也更加浓烈。《水浒传》对《三国演义》人物形象刻画的超越则主要体现为通过不同人物的语言行动来表现不同人物的差异性格，以及在故事叙述中对人物心理活动进行刻画。

作品来源

发表于《中学时代》2014 年第 20 期。

《水浒传》与《红楼梦》女性形象比较

奉　柳　　朱　婧

导读

　　《水浒传》和《红楼梦》都是我国古典小说中的明珠，但二者中的女性形象却有极大差异。前者多贬低女性，后者却极力赞美女性，成书过程、作者思想和当时人们接受心理的不同等原因共同造成了这种现象。此现象表明了明清时期女性地位的提高和女性生命本体意识的复活。

　　《水浒传》和《红楼梦》都是我国古典小说中的璀璨明珠，代表着我国古典小说的最高成就。二者虽成书于不同的时代，内容、主题也大相径庭，但早已有前贤指出二者之间的关联。俞平伯先生曾指出："《水浒》《金瓶》《红楼》三巨著实为一脉相连的。""《红楼》作者心目中固以《水浒传》为范本。"近人王振星的《〈水浒传〉对〈红楼梦〉创作影响探析》一文也从"神话构思、座次表、十二钗、绰号"等方面探讨了二者的关系。本文拟从《水浒传》和《红楼梦》中的女性形象入手，探讨其女性形象的异同及成因。

一、《水浒传》和《红楼梦》中的女性形象

　　《水浒传》是一部"男人书"，《红楼梦》则是一部"女儿谱"。但是，正因为两者中的女性形象都极其特别（前者是"女性极少，作者极力贬低"，后者是"女性极多，作者极力颂扬"），所以历来关于这两部书中的女性的讨论就极多极热烈。

1.《水浒传》中的女性形象

目前，关于《水浒传》中的女性形象研究特别多。观点归纳起来大致有两种：一种是认为《水浒传》作者轻视女性，女性形象大多丑陋不堪。有貌美却是"万恶之首"的淫妇潘金莲、潘巧云、阎婆惜等；有歹毒的虔婆王婆；即使是好女人，如梁山仅有的三位女将，也是形同小丑般，顾大嫂和孙二娘形貌丑陋，完全没有女性特征，唯一貌美的扈三娘却麻木，如同木偶般没有感情。贞洁的林冲娘子等更只是作为受害人和祸水出现，没有任何艺术生命力。二是虽然《水浒传》中女性不如男性那样光彩照人，但作者并没有一味轻视女性。相反，作者对女性还存有尊重敬畏之心。典型例子就是梁山好汉的"尊母"情节，还有九天玄女授予宋江天书，等等。

总的来说，《水浒传》中的女性的确引人深思。作者无意刻意描绘女性，但女性在其笔下多是祸水或无力反抗的受害者。在一部完全以男人为主角的小说中，这样描写女性也不为过。但是，作者为何偏偏在梁山好汉中加入三位女性？ 授予宋江天书的为什么偏偏是九天玄女？ 所以，《水浒传》中的女性角色是模糊与矛盾的。

2.《红楼梦》中的女性形象

对于《红楼梦》中的女性，大家的观点基本一致，都认为曹雪芹打破了"男尊女卑"的传统，推崇女性，贬低男性。最常被人们引用的例证便是那句由男子之口发出的："女儿是水做的骨肉，男人是泥做的骨肉。我见了女儿便清爽，见了男子，便觉浊臭逼人。"其次，作者对"女儿"和"女人"的态度又截然不同，对于出嫁前的青春"女儿"是赞扬，对于出嫁后被男人污染过的"女人"则颇有微词。其实，对"女人"的不满，也是由男子引起，所以说到底，作者是对男子不满。与《水浒传》不同，《红楼梦》中女性众多，且以"女儿"为主，虽然女儿们身份、性格各异，但作者都对她们寄予了深厚的感情。高洁孤僻的黛玉、知书达理善解人意的宝钗、心直口快敢作敢为的晴雯、有自己小心思的袭人、高傲能干的探春等共同建构了一个美好的大观园，一部伟大的《红楼梦》。

因此，有人指出曹雪芹是"女性主义的先知和曙光"，"为女性翻了个大案，从根本上奠定了女子的'好'地位，一扫把女子视为'尤物''祸水'的男性陈腐偏执话语"。也有人指出《红楼梦》"崇尚女性，甚至将女性神化"，"蕴含着女性崇拜意识"。

综上所述，《水浒传》和《红楼梦》中的女性形象在人们心目中已有定论。对于前者，贬多褒少；对于后者，几乎全是歌颂及赞赏。是什么原因使这两部长篇巨著有如此差异呢？

二、《水浒传》和《红楼梦》中女性形象差异的成因分析

1.成书过程

从成书过程方面来看，《水浒传》可以算作"历代累积型"小说。首先是有《宋史》《资治通鉴长编》等史书记载相关事件，然后有"说话"形式的水浒英雄故事广泛流传。最重要的是南宋末年出现了一部详细的《大宋宣和遗事》，编年叙述水浒故事。元代更是有众多的水浒戏，如"双献功"等。在这样的基础上，《水浒传》诞生了。它的作者有众多的材料和传说可以依据，因此，主观创造成分就相对少了。而《红楼梦》不一样，是一部"独立创作完成"型小说。尽管其作者和内容一直备受争议，但在这部作品面世以前，世间是无"贾宝玉""林黛玉"之传说的。作者自传也好，臆造影射也好，他的创作完全是个人心血而无材料可依是毋庸置疑的。所以，《红楼梦》一书的主观创作成分大。

作者的主观创作凝结着作者的态度、认识、感情、倾向等对于小说非常重要的因素。《水浒传》当然也凝结了作者的感情及价值判断，但作者没有办法改变宋江的性别、姓名和排行。同样，作者也不能把梁山一百零八将全换为女性。《水浒传》注定其本来就是一部以男人为绝对主角的小说。《红楼梦》则不同，作者随心所欲地给人物起名字，赋予他们性格，安排

他们的归宿。作者的情感态度价值观对小说起到了决定性的作用。于是，作者喜欢女儿，便能让男主角说出"见了女儿便清爽，见了男子，便觉浊臭逼人"这样离经叛道的话。

2. 作者的思想

前面说到，作者的情感态度对小说起着关键作用。而作者总是人，人的观点总是受到环境的影响。《水浒传》和《红楼梦》，一个成书于元末明初，一个成书于清朝乾隆时期，不同时代的人，观念必然受到时代的影响。

《水浒传》作者施耐庵的生平一直都有争议。但不管是元朝还是明朝，官方的统治思想都是"理学"。宋朝理学大盛，这种思想的强势没有随着王朝的覆灭而销声匿迹，反而因为其已深入人心和其强大的"自律"要求而成为统治阶级的工具。在"存天理、灭人欲"的大旗下，人们努力追求"天理"，剿灭"人欲"。对于梁山的绿林好汉，"天理"就是"忠义"二字，对朝廷忠，对兄弟同胞义。而"人欲"，首先就是男女之欲。这种欲求越是强烈，人们就越会努力地去剿灭它。战胜的困难越大，取得的成就感就越大。因此，淡漠男女之欲就成了梁山好汉追求并践行的准则。所以，《水浒传》中出了那么多的"淫妇"，而有些在今天看来不过是大胆追求爱情。梁山好汉们在对待女性时所采取的手段都极其残忍的，残杀"淫妇"也是他们实现"存天理"目标的一种手段。

清朝统治者大兴文字狱，人们已经不敢继承宋人爱阐述义理的习惯。文人们有话也不敢说，思想被禁锢，考据无奈"被兴起"。但是，历史总是向前发展的。晚明时期已经有无数人为"情"呐喊。《三言二拍》《金瓶梅》，大量的性灵小品等，已经凝成一股风气，荡涤了没有人欲的变态社会，吹进了满族建立的大清朝。

清朝统治者也充分利用人欲让汉人们"灭掉"心中的"忠义"天理以巩固统治。《红楼梦》作者不是汉人，没有国家覆灭的苦痛，因此没有写历史小说让人们"以史为鉴"的情怀。但他有独特的经历让他在胸腹中积聚了"满纸荒唐言、一把辛酸泪",不吐不快。家庭的衰落和不幸让作者深刻思考这一切的原因。他似乎得到了答案,于是,他要将这一切的经过半自传半虚构地写出来。我非常欣赏王国维先生用叔本华的悲剧理论来解读《红楼梦》,说其是"悲剧中的悲剧",但我更认为《红楼梦》是一部哲理小说。他经历了某些事件,继而发现了某些问题的症结和原因,然后将一切付诸笔端。

《红楼梦》作者发现了什么哲理呢?便是他那关于男子女子著名的论断。如刘再复先生说:"从审美角度真正发现女子尤其是青春女子的无尽价值,但不是认识论上的发现,而是本体论上的发现。也可以说,不是伦理学上的发现,而是美学上的发现。女子是宇宙的中心,世界的精华,美的价值源头。这是本体论。"

据此理论,我们便不难理解《红楼梦》中的女儿赞了。

3. 接受心理

《水浒传》赞扬农民起义的绿林英雄的豪杰义气。它就是一部以历史事件为基本依据的武侠小说。对于宋江等人的"忠义",统治者是接受的;对于好汉们的义气和刺激的杀伐,普通读者特别是下层普通百姓是接受的。作者没有将女性列为预定接受者之一,因为那个时代的女性基本没有话语权。《红楼梦》是自传哲理小说,所写内容也以家庭生活为主要。三纲中的两纲(夫为妻纲、父为子纲)都发生在家庭里,如果没有人伦情感,家庭就不能够称其为家,小说也就枯燥而不真实,不仅读者不接受,作者也不能借小说抒发自己"一把辛酸泪"了。

从《水浒传》中模糊矛盾甚至被妖魔化的女性到《红楼梦》中圣洁纯净的女儿群体,中国古代女性走过了漫长但必然的一段路程。一路上,女性的数量在逐渐增多,声势越来越浩大。她们的个性也越来越鲜明,不再只为男性的观赏而存在。她们大胆追求"情"(如杜丽娘),或凛冽如男子甚至超过男子而追求"义"(如李香君),甚至只为追求自己独特的存在(如林黛玉)。明清时期是女性生命本体意识复活的时代,各种美好女子走进人们心里，走进文人笔下，她们成了和男人一样隽永的主题。这是历史发展的必然，所以，这也是文学发展的必然。

作品来源

发表于《文教资料》2011 年第 20 期。

历史演义、英雄传奇、世情小说的比较研究
——以《三国演义》《水浒传》《金瓶梅》为例

高　莉

导　读

　　无论是从思想上还是从艺术上来说，世情小说都迥异于历史演义、英雄传奇类小说。社会的发展赋予世情小说不少新的内涵，甚至出现一些雅俗共赏的完美之作，完成了中国古典小说雅俗整合的现代转型。世情小说的出现标志着中国古典长篇小说进入了崭新的阶段。本文将通过对世情小说与历史演义、英雄传奇类小说的比较，进一步探讨它们各自在艺术上的不同特点。

　　历史演义小说将战争成败、朝代兴废等为基干的历史题材，组织成完整的故事。英雄传奇小说虽也是取材于史实，但两者在创作形式、手法上有着明显的区别。世情小说以巧妙的组织安排、细致生动的描绘，传达深邃思想哲理。本文将从三个方面来比较历史演义小说、英雄传奇小说、世情小说的不同。

一、历史演义、英雄传奇、世情小说写作主体不同

　　历史演义小说和英雄传奇小说从写作背景上看，历史演义小说一般描写的时间背景跨度比较大，一般以一个朝代的兴衰贯穿全文，有的甚至横跨两个或两个以上表现历史朝代的更替，揭示隐含的历史规律。如《东西传演义》由晋王在大兴元年建立东晋，写到司马睿即位后大赦天下，宋武帝永初元年刘裕即位，到东晋灭亡，时间跨度非常大。

英雄传奇小说往往只是抓住某个历史片段、某个特殊时期甚至是仅仅一场战役等来刻画英雄，英雄传奇小说着眼的是塑造理想化的英雄，历史背景只是它的衬托。如在《北宋志传》中，作品较好地塑造了杨家几代人抗辽的英雄群像，叙述了杨家英勇阵亡的悲壮凄凉的故事。表达了反抗外族入侵、谴责奸臣卖国、歌颂抗敌英雄的主题。

世情小说往往是作者直接依照现实生活写成的，和历史几乎毫无关系。它所描写塑造的人物都是现实生活中鲜活的普通之人。如《金瓶梅》在中国世情小说史上是一个了不起的开始。它开启了中国古代长篇小说由写历史、神怪故事转向写世情的新阶段。《金瓶梅》已不再像历史演义小说中叙述帝王将相的兴衰争霸，也不再像英雄传奇小说中着墨于仗义英勇的豪杰，也不再是描写神仙妖怪的彼此争斗，而是着重于每天接触、平平淡淡的世俗生活。

二、历史演义、英雄传奇、世情小说人物及社会背景的差异

历史演义小说最大特点是"七分史实，三分虚构"，以史为主体，在真实再现历史的基础上，适当加上一些想象的情节或者传说。如《隋炀帝艳史》的详细情节是作者想象的，但主要材料与史实一致。全书大致上是按《通鉴》编年叙事的。主要叙述开河南巡、游江都、点缀陈百戏、开市巡边、修建长城等事件。一些细枝末节的情节往往是在史事的基础上虚构而成，如建十六院、剪彩、蒸宣华等都有史实根据。历史演义小说可以看作用小说的笔触来再现历史的真实风采。

英雄传奇小说大多数是以虚构为主。往往根据作者想象构造一段英雄传奇。这类小说的情节一般是不和历史相同的，如《说岳全传》岳飞后代最后完成了岳飞的遗愿这一情节与历史严重不一致；又如《杨家将》中穆桂英的故事在史书上没有记载。英雄传奇小说的主角或情节是有一些历史真实性的，如《说岳全传》中，岳家军抗金的故事基本上符合正史所记载的。其后半部分的情节也是在岳家军抗金这一史实的基础上进行的艺术再

创造。在小说中穿插少量的历史元素，从而使小说读起来更可信。

世情小说中的人物和社会背景都不是真实的。作者也会在创作中尽量和古代社会的风俗制度、服饰礼仪等靠近。世情小说的语言质朴、通俗、简洁，描绘人物对话、生活细节、风土人情、服饰、制度等大都能反映当时的社会情况。由于世情小说不用写真实的社会背景和历史事件，它的创作可以有更广阔的视野和空间。

三、历史演义、英雄传奇、世情小说发展起源之对比

讲史话本又称"平话"，语言直白，有些地方甚至有点俗气。话本的主要功能是供说书艺人通顺地演讲。一旦成为演义，文学性质就从艺人的话本变成了小说，所用语言变得华丽和讲究，文学价值显著增强。

一般来讲一件事情变成演义之前，一定有很多的话本，比如《封神演义》之前就有《武王伐纣平话》。讲史话本后来经过长期演变，一些可供文学修饰的花边越来越多，让一些文学家看中，把诸多话本加以融合和加工，最终成为演义小说。可以说，话本是演义的基础，演义是话本的升华。

而小说话本讲述的大多是现实生活中的人和事。其特点是人物不多、情节简单、白话、篇幅短小、主题深刻。这类话本中成就较高的作品有《蹑玉观音》《错斩崔宁》《宋四公大闹禁魂张》等。不同的是小说话本追求的是在现实生活的故事中刻画出一些个性鲜明的人物，后来也就慢慢演变成英雄传奇小说。

涉及世情小说的出现可追溯到魏晋以前。世情小说的代表作是《金瓶梅》。之后明清两代的世情小说题材丰富多样，或描绘社会生活，或叙述家庭矛盾，或抒写婚姻爱情，或讥刺揭露儒林、官场。

四、历史演义、英雄传奇、世情小说人物塑造手法的差异

历史演义小说的人物是典型的类型化。其主要特征是：（1）重要人物形

象都具有一个非常突出的主要性格特点。（2）小说人物性格缺少变化，基本上稳定不变。（3）写人物有一种内心化的倾向。人物的性格品质一般都可以用简单的语言概括出来。如《三国演义》中诸葛亮睿智，曹操奸诈，关云长义薄云天，等等。诸葛亮被作者塑造成了超人。鲁迅评论说："状诸葛亮之智而近于妖。"历史演绎小说塑造人物的特点是：作者放大了历史人物的主要性格特征，而使次要的性格特征被忽略，从而塑造出一批具有典型化性格的人物。

英雄传奇小说在塑造人物方面是从类型化向个性化的过渡。它是以平民百姓作为主要人物，塑造了典型环境中的典型人物。人物的思想性格不是先天形成的，而是与环境密不可分的，又在现实生活的矛盾斗争中发展变化。因此，人物性格是鲜明的。所以才能写得有根有据，合情合理，真实自然。首先，注意多层次的人物性格，比如《水浒传》写李逵莽撞，也写他蛮横。其次，小说中的有些人物的性格在环境的制约下有发展、有变化。

如英雄传奇小说中最明显的就是《水浒传》中的林冲。他真实地折射出了"官逼民反"的黑暗社会现实，展示了梁山英雄从怯懦到顽强、从屈服到抗争的思想性格的转变过程。施耐庵写他思想性格的转变是有社会根源和现实依据的。上了梁山之后，林冲的性格有了质的飞跃，在与王伦决战时的坚决果断，与过去的林冲截然相反。

世情小说在塑造人物方面，基本上实现了从个性化人物向心理化人物的转变。作者善于从多角度、多层次刻画人物复杂的内心世界，塑造典型的人物性格。表现出一种小老百姓的思想和情感。世情小说创造出来的艺术形象与历史演绎小说中的帝王将相、英雄传奇小说中的英雄侠士相比较，更贴近现实生活、更加真实。《金瓶梅》在人物塑造方面大量描写人物的心理活动，为后来小说塑造细腻生动的人物性格，开辟了一条别人没走过的路。

这三类小说都有扣人心弦的故事情节，主要人物都很理想化，但其中又有本质的不同。一是历史演义小说中的人物大部分定型化，他们的性格几乎没有大的改变；而英雄传奇小说和世情小说的人物性格则随着生活环境、经历的不同而变化。二是历史演义小说主要是粗线条的勾勒人物形象，很少细节描写；然而英雄传奇小说和世情小说则有大量的细节描写，人物形象更个性化、丰满化、立体化。

因此，历史演绎小说由于人物众多，通过次要人物来衬托主要人物，以宾衬主的人物塑造方法是历史演绎小说主要采用的方式。而通过具有典型意义的外貌特征描写、人物独特的语言、人物独特的行动来表现人物性格的人物塑造方法是英雄传奇小说主要采用的方式。而善于运用虚实结合的手法，不是按照理念去塑造人物，而是努力从审美方面去表现人物，通过艺术加工的手段创作出高于生活原型的人物形象的塑造方法是世情小说主要采用的方式。

五、结　语

综上所述，历史演义小说、英雄传奇小说都是基于一定的历史事实而作的，都属于历史小说，但因为源头不同、描写的侧重点不同、看待历史的视角不同等原因而形成不同的写作形式。历史演义小说是在真实历史的基础上加入适当的想象来塑造英雄人物，主要按时间顺序叙写故事情节。英雄传奇小说更关注人物的性格与品质，通过主角的遭遇与经历来写其命运，并且通过次要人物来反映当时的社会生活。世情小说源于生活，其故事情节涉及生活中的细枝末节，通过描写人物、刻画环境、叙述故事来传达思想、再现生活。世情小说在反映现实、映照人生方面，确实比历史演义、英雄传奇类小说大大向前迈进了一步，更有特色，更有魅力。

作品来源

发表于《湖北函授大学学报》2017年第8期。

论《水浒传》的治平理念
——与《三国演义》比较谈

张锦池

导　读

　　《水浒传》与《三国演义》这两部小说思想底蕴的相合是根本性的：皆"意主忠义，而旨归劝惩"，具有反思性和讽喻性。不过，二者虽同"意主忠义"，但侧重点不同：《三国演义》的侧重点是在"义"，在"下安黎庶"，即"为民"；《水浒传》的侧重点是在"忠"，在"上报国家"，即"为国"。论民本主义思想，《三国演义》实更充沛些；论爱国主义激情，《水浒传》实更浓烈些。由此也就使这两部宣扬"忠义"思想的小说，在歌颂乱世忠义上成为各具特点的姊妹篇：一为乱世忠义的悲歌，一为乱世忠义的颂歌。但二者的相异点是"貌"，其相类点是"神"，且彼此相辅相成，具有互补性和反思性。

一、引　言

　　《三国演义》与《水浒传》是中国小说史上最早出现的两部长篇小说。这两大杰作：其体制，一属历史演义，一属英雄传奇；其题材，一主要来自史册，一主要来自民间传说；其主人公，一是帝王将相，一是绿林豪杰；其文字，一为半文不白，一为语体。凡此，堪称殊不类。然而，明人熊飞和杨明琅却认为这两部小说题材虽殊而创作宗旨则一，皆"意主忠义，而旨归劝惩"①，视之为姊妹篇，将二者予以合刻，题曰《英雄谱》。

　　那么，熊杨二公的这一"姊妹篇"说，是否符合作品的实际呢？事关问题的方方面面，还是让我们以事实来说话吧！

---

　　①　丁锡根.中国历代小说序跋集［M］.北京：人民文学出版社，1996：906.

二、意主忠义，旨归劝惩

谁能否定呢？水泊梁山有三大标志：一是"忠义堂"，乃"忠义"的标志。它标志着梁山好汉皆忠义之士，他们"啸聚"不忘"廊庙"，是忠义之聚于山林者也。一是"杏黄旗"，乃"仁义"的标志。它标志着梁山好汉皆仁义之士，他们虽身居水泊而犹念念不忘"替天行道"，是仁义之聚于山林者也。一是位于忠义堂后面的雁台，乃"礼义"的标志。它标志着梁山好汉们"荷天地之盖载，感日月之照临"，各以礼义自守，"依次而飞"如宾鸿，是礼义之聚于山林者也。这种以"宗宋情结"为核心、以礼义思想为关键、以忠义思想和仁义思想为两个基本点的有机结合，我们称之为"梁山精神"。

这一"梁山精神"，它既反映于梁山义军对反宋农民起义的不认可，遂有"一百零八将"的同征方腊，而那已萌远祸海滨之念的李俊亦终始从之；更反映于梁山义军对金辽元等异族政权的不认同，而要求"还我河山"的呼唤则隐约可闻，遂有宋江的"中心愿，平虏保民安国"却不意被害的人生悲剧。宋江的这种"啸聚山林而不忘廊庙"、一心想"统豺虎、御边幅"的心志，不禁使人想到当时太行山忠义八字军那额上所刺的八个字：誓杀金贼，忠于赵王。是故，造反亦忠义。

谁能否定呢？"宴桃园豪杰三结义"，刘备作为蜀汉英雄的代表，曾立下信誓。梁山泊英雄排座次，宋江作为梁山好汉的代表，亦曾立下信誓。这两个信誓，不失为小说思想底蕴的点睛之笔，施罗二氏借小说主人公之口所作的"政治宣言"。不妨结合前人的评述，将这两个信誓作为观察有关问题的一个窗口，以明究竟。

试看"宴桃园豪杰三结义"，其誓云：

念刘备、关羽、张飞虽然异姓，既结为兄弟，则同心协力，救困扶危；上报国家，下安黎庶；不求同年同月同日生，只愿同年同月同日死。皇天后土，实鉴此心，背义忘恩，天人共戮！①

是故，清人赵翼是这么评说刘备的："关、张、赵云，自少结契，终身奉以周旋，即羁旅奔逃，寄人篱下，无寸土可以立业，而数人者，患难相从，别无贰志，此固数人者之忠义，而备亦必有深结其隐微而不可解者矣！"②那么，这"深结其隐微而不可解者"是什么呢？显然就是那"上报国家，下安黎庶"之心以及那"朋友而兄弟，兄弟而又主臣"之谊。所以王侃是这么评说关羽文化之传播的：《三国演义》可以通之妇孺，今天下无不知有关忠义者，《演义》之功也。"③

再看"梁山泊英雄排座次"，其誓云：

> 宋江鄙猥小吏，无学无能，荷天地之盖载，感日月之照临，聚弟兄于梁山，结英雄于水泊。共一百八人，上符天数，下合人心。自今后，若是各人存心不仁，削绝大义，万望天地共诛，神人共戮。万世不得人身，亿载永沉末劫。但愿共存忠义于心，同著功勋于国，替天行道，保境安民。神天鉴察，报应昭彰。④

是故，李贽是这么评说梁山好汉的："今观一百单八人者，同功同过，同死同生，其忠义之心，犹之乎宋公明也。独宋公明者，身居水浒之中，心在朝廷之上；一意招安，专图报国；卒至于犯大难，成大功，服毒自缢，同死而不辞，则忠义之烈也。"⑤所以五湖老人是这么评说《水浒传》的："兹余于《水浒》一编，而深赏其血性，总血性有忠义名，而其传亦足不朽。"⑥

明眼人一看便知：那刘备的信誓实亦道出了宋江的夙愿——愿能"上报国家，下安黎庶"，那宋江的信誓实亦道出了刘备的夙愿——愿能"替天行道，保境安民"。其相合如此，说明这两部小说思想底蕴的相合是根本

---

① ［明］罗贯中 . 全图绣像三国演义［M］.［清］毛宗岗，评 . 呼和浩特：内蒙古人民出版社，1981.

② ［清］赵翼 . 廿二史札记校证（卷七）［M］. 王树民，校证 . 北京：中华书局，1984：142.

③ ［清］王侃 . 江州笔谈［M］. 朱一玄，刘毓忱 . 三国演义资料汇编 . 天津：南开大学出版社，2003：618.

④ ［明］施耐庵，罗贯中 . 水浒传［M］. 北京：人民文学出版社，1997：933.

⑤⑥ 朱一玄，刘毓忱 . 水浒传资料汇编［M］. 天津：南开大学出版社，2002.

性的：皆"意主忠义，而旨归劝惩"，具有反思性和讽喻性。这种忠和义的有机结合，遂成崇高思想和完美人格的别名。那蜀汉英雄被认为是这样的人物，那梁山好汉也被认为是这样的人物。

由此可见，写乱世忠义之甫离草泽即奋志匡扶社稷，"上报国家，下安黎庶"，果展宏图，是为《三国演义》中的蜀汉英雄；写乱世忠义之被逼啸聚山林而犹谋"替天行道，保境安民"，却壮志难酬，是为《水浒传》中的梁山好汉。两者虽题材不同，在蒙受江湖文化和市井文化的影响上亦有轻重之分，而创作宗旨则一：皆是意主忠义、以德行仁而旨归劝惩之作，遂成"姊妹篇"。

这就难怪明人熊飞和杨明琅要将《水浒传》与《三国演义》合刻，题为《英雄谱》，道是：

> 故为君者不可以不读此谱，一读此谱，则英雄在君侧矣；为相者不可以不读此谱，一读此谱，则英雄在朝廷矣。为经略掌勤王之师，马部主犁庭之役，又不可以不读此谱，一读此谱，则干城腹心尽属英雄，而沙漠鬼哭之惨，玉门冤号之声，各不复闻于耳矣。此乃余合谱英雄意也，非专以为英雄耳也。[1]

也就是说，他们之所以将《三国演义》和《水浒传》合刻而题名"英雄谱"，不仅仅是为了歌颂英雄，还为了使为君为相为经略者阅后能以此为鉴，引起对玉门何以有"冤号之声"、沙漠何以有"鬼哭之惨"的反思，求取保国安民之道。果能如此，则"天下王道荡荡矣"！这也就是熊飞和杨明琅所说的"旨归劝惩"。

还需一说的是：这《英雄谱》是乱世忠义的《英雄谱》。其文化渊源和哲学基础，是孔孟的保国安民的道德气节，知难而进的入世精神，实践理性的求是理念，王道济民的政治主张，事父事君的纲常教义，立德立功的价值观念，舍生取义的人格追求，华夷之辨的民族操守，以及由政治思想上的儒法互补、美学思想上的儒道互补、道德思想上的儒墨互补所形成的健全而稳定的文化心理结构。因而，这是在为中华民族写心。则亦"厥斯伟矣"！

---

① 朱一玄，刘毓忱.水浒传资料汇编［M］.天津：南开大学出版社，2002.

三、以义济忠，以忠齐义

打开《三国演义》和《水浒传》，最习见的观念当莫过于"忠""仁""义"，而尤以"义"为甚。"忠"指"上报国家"，即"尽心于为国"；"仁"指"下安黎庶"，即"致力于为民"。"义"呢？其内涵主要有二：一指"宜而行之"，就是行事符合某种既定的社会规范、道德原则，这是广义的解释；一指"事宜在济民"，就是"博施于众，救困扶倾"，这是狭义的解释，而这种狭义的解释，亦可以径训作"仁"。则所谓"意主忠义"，而"仁"亦寓焉。

需注意的是，《水浒传》与《三国演义》虽同"意主忠义"，而侧重点不同。《三国演义》的侧重点是在"义"，在"下安黎庶"，即"为民"；《水浒传》的侧重点是在"忠"，在"上报国家"，即"为国"。就以刘备和宋江的都好哭来说吧，这是出了名的，而出发点却各有侧重，这是不可不注意的。

试看："玄德泣曰：'先生不出，如苍生何！'言毕，泪沾袍袖，衣襟尽湿。"刘备的眼泪是为苍生而流的，乃民本主义的，所以滴滴似金。

试看："宋江道：'……我为人一世，只主张忠义二字，不肯半点欺心。今日朝廷赐死无辜，宁可朝廷负我，我忠心不负朝廷。……'言讫，堕泪如雨。"宋江的眼泪淌自他的"宗宋情结"，乃爱国主义的，所以亦滴滴似金。

是故，以"上报国家"（忠义）为操守，以"下安黎庶"（仁义）齐人心者，是为《三国演义》中的蜀国英雄；以"替天行道"（仁义）为操守，以"顺天护国"（忠义）齐人心者，是为《水浒传》中的梁山好汉。二者是相得益彰的。

足见，论民本主义思想，《三国演义》实更充沛些；论爱国主义激情，《水浒传》实更浓烈些。其所以然，就在于：身处"外敌凭陵，国政弛废"的乱世，民众对于帝王将相与草泽英雄的期待有所侧重。罗贯中笔端的英雄人物是逐鹿中原的群雄，乃"在朝派"，民众期待于他们的，其重中之重，当莫过于"下安黎庶"四字，即把"安民"放在第一位，故而作者的用笔是以"忠"齐"义"写之。施耐庵笔端的英雄人物是绿林豪杰，乃"在野派"，民众期待于他们的，其重中之重，当莫过于"上报国家"四字，即把"报国"

放在第一位，故而作者的用墨是以"义"济"忠"写之。

这么说，并不是我在向壁虚构。《水浒传》在告诉我们：施耐庵曾以"神道设教"的法子，借"圣旨"以"敕封宋江为忠烈义济灵应侯"。这"忠烈义济"四字，当然也就成了施耐庵对自己心爱的主人公的盖棺论定。明乎此，这"忠烈义济"四字，就不只可以用来说宋江身上的"忠"和"义"的辩证关系，也可以用来说整个《水浒传》的"忠"和"义"的辩证关系。同样，还可以用"义烈忠济"来说《三国演义》所宣扬的"忠"和"义"的辩证关系。由此也就使这两部宣扬"忠义"思想的小说，在歌颂乱世忠义上成为各具特点的姊妹篇：一为乱世忠义的悲歌，一为乱世忠义的颂歌。

四、道之以仁，齐之以礼

在我国传统的道德思想中，最享美誉、最具理想意义的，是"仁"。孔子把"仁"看作是道德范畴的最高原则，道是"一日克己复礼，天下归仁焉"[①]。孟子以他的"性善"说作为"仁政"理论的哲学基础，"仁"被列为他所说的天赋予人的四种美德的第一德。程朱理学言天命之性，则进而以"仁"为"四德"的基本，而又包括了"四德"，道是"学者须先识仁。仁者浑然与物同体，义礼智信皆仁也"[②]。于是，"仁"便越来越明确地成为最完美的人格的别名，即《中庸》所谓"仁者，人也"。笃行之，则为"仁者"；佯行之，则成"巧伪人"；倒行逆施之，则为"暴虐"。

"欲知三国苍生苦，请听《三国演义》篇。"《三国演义》作为乱世忠义的颂歌，它对解黎民百姓于倒悬之灾的圣君贤臣的憧憬之情是殷切的，作者妙笔生花的地方在于：他以"仁"与"仁政"作为道德圭臬与政治圭臬，寓褒贬于逐鹿中原的群雄形象的塑造，让大家自己从中去认定谁是圣君贤臣，谁是乱臣贼子。这，只要以董卓、曹操、刘备的形象作一简略对比，便一目了然。

---

① 论语注疏［M］．十三经注疏．清嘉庆刊本．北京：中华书局，2009.
② ［宋］程颢，程颐．二程集［M］．北京：中华书局，1981：16.

　　董卓的特点是"专权肆不仁"。"吾为天下计，岂惜小民哉？"竟成了他的指导思想。甚至，"尝引一军出城外，前行到阳城，时当二月，村民社赛，男女皆集，引军围住，尽皆杀之。掠其妇女财物，收万千余件，都装在车上，悬头千余颗于车下，连轸还都，先报董太尉杀贼，大胜而回"。司徒荀爽曾劝董卓："民为邦本，本固邦宁。"卓怒曰："乱道！"并即日罢之为庶民。此等暴虐之徒，最终当然只能被钉在历史的耻辱柱上。

　　与董卓有所不同，曹操的特点是"假仁"。他对人民的态度是"王霸参半"，好坏取决于个人的得失喜怒。比如，"曹操仓亭破袁绍"，写曹操力主秋成之后围攻冀州，"众曰：'若恤其民，必误大事。'操曰：'民为邦本，本固邦宁，若废其民，纵得空城，有何用哉！'"这反映了他有异于董卓。"报父仇曹操兴师"，写曹操因曹嵩被杀而迁怒于徐州黎庶，令"但得城池，将城中百姓尽行屠戮"，致"大军所到之处，杀戮人民，发掘坟墓"。这又反映了他与董卓是"一路人"。唐太宗说他"临危制变，料敌设奇，一将之智有余，万乘之才不足"[①]，可谓定评。

　　刘备的特点是"大仁"。他对百姓的态度是"仁德施恩"，直至不顾个人安危，"携民渡江"便是最好的证明。"上报国家，下安黎庶"，这是他转战南北的首要目标；认为"举大事者必以人为本"，这是他立身处世的不二信条。唯其如此，所以能"远得民心，近得民望"。以至陶恭祖三让徐州，玄德仍辞不受职，徐州百姓拥挤府前哭拜曰："刘使君若不领此郡，我等皆不能安生矣！"难怪毛宗岗说："民心悦服如此，想见刘公平日德政。"所以"天下归心"。终以一州之地而三分天下，不亦雄乎！其临终遗言是："汉贼不两立，王业不偏安。"并诏告后主："唯贤唯德，可以服人。"其所念念不忘者，仍是如何方能"上报国家，下安黎庶"。其以仁得人之心，以忠齐人之志，堪与日月齐辉矣。真仁德之主也。"煞曜罡星今已矣，谗臣贼相尚依然！"《水浒传》卷末所发出的这一深沉叹息，说明它对"仁"与"仁政"及圣君贤臣的憧憬之情是一点也不亚于《三国演义》的。这有施耐庵为宋江起的那三个似道路口碑又似人物剪影的绰号可证。

　　① ［宋］司马光.资治通鉴［M］.北京：中华书局，1956.

一曰"孝义黑三郎"。书中说得清楚："为他面黑身矮，人都唤他做黑宋江。"排行第三，"又且于家大孝，为人仗义疏财，人皆称他做孝义黑三郎。"这里，其所着意强调的是宋江的"孝"。

二曰"呼保义"。需知，"不假称王，而呼保义"，是宋元以来水浒故事流变过程中宋江形象的不二特点，也是宋江形象与方腊形象的主要分水岭。是故，"呼保义"者，"呼群保义"，"共存忠义于心，同著功勋于国"是也。这里，其所着意强调的是宋江的"忠"。

三曰"及时雨"。盖谓其"济弱扶倾心慷慨，高明水月双清，及时甘雨四方称"也。这里，其所着意强调的是宋江的"仁"。

三个绰号，一使宋江闻名乡里，一使宋江闻名山东河北，一使宋江闻名四方。九九归一，莫不在言宋江是个"孝子"，莫不在言宋江是个"仁者"，莫不在言宋江是个"忠义之士"。雄者，宋公明，论孝，论忠，论仁，"三元及第"矣。

就这样，施耐庵以史家的笔法，于宋江出场之初，便借着对主人公三个绰号的介绍，表述了自己的治国方略：以"孝义"齐家，以"仁义"安民，以"忠义"保国。这哪是什么绰号，分明是施耐庵开的一副济世良方！而"一百八人中，独予宋江用此大书者，盖一百七人皆依列传例，于宋江特依世家例，亦所以成一书之纲纪也"①。

施耐庵这么处理"忠"与"仁"及"孝"的关系，是有其文化渊源的。原来，在孔子的道德观念里，"孝悌"被认为是"仁之本"，而"仁"原本就包摄了"臣事君以忠"。是故，孔子之赞微子、箕子、比干，不说"殷有三忠焉"，而说"殷有三仁焉"②。是故，孟子虽然也主张"君臣有义"，而当齐宣王说"武王伐纣"是"臣弑其君"时，孟子的回答却是既严肃又干脆，道是："贼仁者谓之贼，贼义者谓之残。残贼之人谓之一夫。闻诛一夫纣矣，未闻弑君也。"③这种把忠义观念和仁义观念置于君王权威之上，是可取的。

---

① 贯华堂第五才子书水浒传(第十七回夹批)[M].金圣叹全集(一).南京：江苏古籍出版社，1985：273.

② 论语注疏[M].十三经注疏.清嘉庆刊本.北京：中华书局，2009.

③ 孟子注疏[M].十三经注疏.清嘉庆刊本.北京：中华书局，2009.

它是对孔孟原教旨忠义观与仁义观的回归,从而也就使《水浒传》成为一部流芳千古的"形象的谏疏",功不在禹下。

正因如此,宋江上梁山后,一当梁山寨主,便将"聚义厅"改为"忠义堂",且于堂前高揽杏黄旗一面,上书"替天行道"四字以明志。宋江以"替天行道"为己任,而矢志宗宋,这就把王伦开辟的一座强盗山寨变作宇内"替天行道救生民"的仁义中枢,而专与那"贼仁贼义"之徒做对头。所以,"造反"亦"忠义"。那金圣叹却认为既是"忠义"就不做强盗,既做"强盗"就不算忠义,这是在捡封建的假道学的唾余,与孔孟的有关看法也是南辕北辙的。

诚然,在梁山好汉中也有对朝廷不恭的,比如:燕顺等落草清风山时所制定的寨规,就有"便是赵官家驾过,也要三千买路钱";石勇也曾在光天化日之下,说过"便是赵官家,老爷也别鸟不换"一类的粗话,都没把"赵官家"放在眼里;李逵豪兴一来,便建议"杀去东京,夺取鸟位"。然而,应看到这类思想只是作为陪衬宋江其人乃"忠义之烈"而存在。宋江被逼上梁山以及梁山发展兴旺的过程,就是众好汉为宋江的忠义思想与仁义思想所感化的过程,也是宋江忠义思想与仁义思想不断朝向纵深发展并趋于净化的过程。故石勇也罢,燕顺与王英等人也罢,一经接受宋江的领导,便皆成为"忠诚信义并无差"的志士,"替天行道"的"仁人"。

问题是清楚的,宋江武不如晁盖,文不如吴用,社会地位不如柴进,其所以能使"众虎同心归水泊",就在于他是"义胆包天,忠肝盖地"。"义"与"忠",是他联结李逵、武松一流人物思想的纽带,也是他沟通关胜、呼延灼一流人物思想的桥梁。"仁"与"忠"是他深得人心的基础,也是他结英雄于水泊的目的。

从而,也就使以仁得人心、以忠齐人志成了宋江立身行事的不二法门。施耐庵写此,用意自明,那就是宋室苟能像宋江治理梁山那样,以"仁"结众心,以"忠"齐众志,以"礼"定乾坤,则"天下王道荡荡矣"。那鸿雁世界就是这样的天地。

要特别注意的是:《水浒传》不只宣扬和歌颂"忠",不只宣扬和歌颂"仁",还宣扬和歌颂"礼"。"忠义""仁义""礼义"是《水浒传》的"三驾马车"，这有施耐庵借宋江之口以鸿雁比梁山好汉，称鸿雁为"礼义之禽"，并在忠义堂的后面高筑一座雁台以明志。

这是清楚的。谁能否定呢？那"秋林渡燕青射雁"，是施耐庵在借宋江之口以物喻人。他一则说："此宾鸿仁义之禽，或数十，或三五十只，递相谦让，尊者在前，卑者在后，次序而飞，不越群伴，遇晚宿歇，亦有当更之报。"一则说："此禽五常足备之物，岂忍害之！天上一群鸿雁，相呼而过，正如我等弟兄一般。你却射了那数只，比俺弟兄中失了几个，众人心内如何？兄弟今后不可害此礼义之禽。"这里，既说鸿雁乃"仁义之禽"，又说鸿雁乃"礼义之禽"。那么，鸿雁究竟是"仁义之禽"，还是"礼义之禽"呢？答曰：这是不可分割的两个问题。孔子曰："克己复礼为仁，一日克己复礼，天下归仁焉。"礼，泛指奴隶社会或封建社会之等级制的道德规范和社会规范。这就等于说：抑制自己，做到"非礼勿视，非礼勿听，非礼勿言，非礼勿动"，是谓仁。所以，孔子又云："道之以政，齐之以刑，民免而无耻；道之以德，齐之以礼，有耻且格。"凡此，也就是《水浒传》礼治思想的由来。它较之"仁治"，尤为重要，目的是要人由背离"礼"而回归于"礼"。须知，"平虏，保民，安国"，乃宋江的"中心愿"，也是当时汉族人民的"中心愿"。

显然，那"赵王"如能"以忠义平虏"，"以仁义保民"，"以礼义安国"，则绝不会有"宋室"之亡：这就是施耐庵通过他的"乱世忠义的悲歌"《水浒传》所宣告于人的最后结论。壮哉施耐庵，他借助于宋江说雁，道出了自己的治国方略。

一言以蔽之：如果说"以忠义平虏，以仁义保民，以礼义安国"是施耐庵的"治平方略"的三大理念，而前两个理念是"梁山精神"的核心，那么，"以礼义安国"这后一个理念，则是"梁山精神"的文化折光。它集中反映了施耐庵的治平思想是对孔孟治平思想原教旨的回归。虽然也多少接受了程朱理学的文化洗礼，反映为宋江的艺术形象常有几分道学气。相比之下，《三国演义》中的一号人物诸葛亮身上则无，他是个外儒而内法的人物形象，说明《三国演义》受程朱理学的文化影响比《水浒传》为轻。

此乃这两部经典著作的相异点之一。

五、结论和余论

《三国演义》和《水浒传》这两部古典小说，二者虽一是乱世忠义的颂歌，一是乱世忠义的悲歌，但其相异点是"貌"，其相类点是"神"，且彼此相辅相成，具有互补性和反思性。说得具体点，就是：一写蜀汉之兴非兴于天之所佑，乃兴于刘备君臣之自佑，倘以"厚德载物"和"自强不息"说蜀汉君臣，那是最贴切不过的，当为英雄们唱一曲乱世忠义的颂歌，以示缅怀。一写宋室之亡非亡于天意，乃亡于其君臣之自为，那宋徽宗既不能继书中"引首"所言宋太祖之武略，又不能承书中"引首"所言宋仁宗之文治，遂致蔡京之流祸国有路，梁山好汉报国无门，当为英雄们唱一曲乱世忠义的悲歌，以寄孤愤。二者相映成辉，遂使这两部忠义小说成为各具特色的"姊妹篇"。而如上所说，那"宗汉情结"和"宗宋情结"，本质上，实反映了当时华夏民众对反宋农民起义的不认可，对辽金元异族政权的不认同，要求"还我河山"。视之为宋元明三朝的华夏民众的心史，是恰当的。那蜀汉英雄和梁山豪杰不愧为我们炎黄子孙的脊梁。

正因为罗贯中与施耐庵创作《三国演义》和《水浒传》是以"意主忠义，而旨归劝惩"为其创作宗旨的，这就决定了他们要以"忠"与"不忠"、"仁"与"不仁"、"义"与"不义"的对立为其情节开展的基本模式。此等以忠奸对立为其特点的二维模式，可使作品之形象体系的构成，灿灿然，若"落霞与孤鹜齐飞"；淡淡然，似"秋水共长天一色"。《三国演义》和《水浒传》就是这样的作品。

罗贯中其写"群雄逐鹿"也，则以桓灵二帝失政为总起，以晋统一天下作总结，其间以魏蜀吴三国的兴亡史为"经"，以其他各路诸侯的盛衰史为"纬"，以"汉贼不两立，王业不偏安"为主脉，一以贯穿全书。经纬交错，从而形成一种扁形的网状结构形态。

其写"汉贼不两立，王业不偏安"也，则又写出：国之将兴，必有忠信；国之将亡，必有妖逆。天子之国有它的忠臣和奸臣，诸侯之邦也有它的忠臣和奸臣。其独到处，是能将天子之国和诸侯之邦的盛衰与忠奸斗争的成败作一体两面的描写，以示人本问题的重要，以言民心为立国之本，人才为兴邦之本，战略为成败之本。

施耐庵呢？他一则写"忠义之士"在朝廷，是为张叔夜等贤臣良将，"忠义之士"在山林，是为宋江等梁山好汉；一则写奸佞之徒在朝廷，是为蔡京等恶佞权臣，奸佞之徒在草泽，是为方腊等乱臣贼子：两大阵营的对立何其鲜明。

论及《水浒传》的结构形态，我以为可以用杜甫一句诗来表达，即"群山万壑赴荆门"。"群山"就是一百零八将投奔梁山的行踪，"主脉"是宋江其人的人生道路。"荆门"有两座：第一座是龙腾虎跃的梁山泊，第二座是落花啼鸟的蓼儿洼。

这两部古典小说，皆具反思性：一旨在反思蜀汉何以未能一统天下，一旨在反思宋室何以失国。二者相辅相成，寄寓了那个时代的人民群众对国家命运的关心，军事的、政治的、道德的……

‖作品来源‖

发表于《学术交流》2013年5月。

第四章

包罗万象·民俗文化

《水浒传》中的武侠元素

陈庆伟

导 读

　　《水浒传》可以看成中国古代的一部精彩的武侠小说。《水浒传》通过描述以宋江为首的一系列梁山英雄人物闯荡江湖的场景，不仅展现了北宋社会的真实情况，更展现了梁山一百零八将的武术绝技，展现了北宋期间的武侠风采，展现了中国古代"以武乱禁"的任侠风格。本文通过多角度、多元化的描述，彰显北宋习武者的性格差异。

　　《水浒传》可以看成中国古代的一部精彩的武侠小说。《水浒传》以宋江领导的起义军为线索，通过对梁山一百零八名好汉闯荡江湖的传奇的描绘，展现出身怀绝技的好汉们劫富济贫、路见不平拔刀相助的"以武乱禁"的任侠风格。

　　由于北宋时期频繁的战争，促使历代统治者都十分重视武备，而宋朝军队实行的募兵制度在通过选募、武举考试等手段从民间选拔武艺人才时，也使得习武者的社会地位不断地提高。在战争的实践需要中也不断地改进与增加北宋的兵器种类，使得军事武艺向着多样化的方向发展。再加上北宋时期经济繁荣，商业活动频繁，市民阶层的壮大，城市的发展和民间娱乐要求的增加，随之而来的就是武术表演项目的发展。据《武林旧事》《东京梦华录》等史料记载，在当时北宋的都城开封已有了"角抵、使拳、舞研刀、舞蛮牌、舞剑、射弓、使棒、乔相扑、射弩"等近十种之多的武术表演项目。出现在勾栏瓦舍之中的卖艺者，不仅是选拔军事人才中的后备力量，也推动了民间武术活动的普及，带起了民众对于武术活动的喜爱与武术人物的追捧。《水浒传》中梁山好汉的故事就是在北宋真实的尚武环境中产生的，只有在这种浓郁的武术氛围中，才有可能产生《水浒传》中众多武功高强的人物和武打技巧。正是由于这一百零八条好汉的武侠传奇，才构成了《水浒传》中的武侠元素，形成了《水浒传》的重要看点。

一、好汉的超强武功

《水浒传》是一部展现个人英雄主义的传奇小说，因此在小说的情节安排中，非常注重表现个人的武术技能，以及个人对抗整个社会的传奇。所以，《水浒传》中有许多人的单打独斗的武术场面，其描写涉及散打技巧与枪械对打技巧。

《水浒传》最著名的散打技巧的描写是鲁智深三拳打死镇关西的情景。在第二回里，施耐庵这样描写鲁智深的三拳散打："鲁提辖就势按住左手，赶将入去，望小腹上只一脚，腾地倒在当街上。鲁达再入一步，踏住胸脯，提着醋钵儿大小拳头……扑的只一拳，正打在鼻子上，打得鲜血迸流，鼻子歪在半边"；"提起拳头来就眼眶际眉梢只一拳，打得眼棱缝裂，乌珠迸出"；"又只一拳，太阳上正着"。这三拳打下去时，可以看出鲁智深出拳狠而快捷，三拳都打在郑屠的要害之处，迅速地使郑屠丧失了反抗力，其结果就是"郑屠挺在地上，口里只有出的气，没了入的气"。又如第二十八回里，武松大显神威，一人独斗蒋门神全家，他先是"一手接住腰胯，一手把（蒋门神老婆的）冠儿捏做粉碎，揪住云髻，隔柜身子提将出来，望浑酒缸里只一丢"；紧接着又"提一个（酒保）过来，两手揪住，也望大酒缸里只一丢，桩在里面；又一个酒保奔来，提着头只一掠，也丢在酒缸里"。在这种快捷而利落的散打中，武松显得轻松熟练，他的动作连贯，一拳一脚都准确到位，打得一群人都丧失了打斗能力。武松最精彩的身手出现在与蒋门神的打斗中：

> 武松先把两个拳头去蒋门神脸上虚影一影，忽地转身便走。蒋门神大怒，抢将来，被武松一飞脚踢起，踢中蒋门神小腹上，双手按了，便蹲下去。武

松一趸，趲将过来，那只右脚早踢起，直飞在蒋门神额角上，踢着正中，望后便倒。武松追入一步，踏住胸脯，提起这醋钵儿大小拳头，望蒋门神脸上便打。原来说过的打蒋门神扑手，先把拳头虚影一影，便转身，却先飞起左脚，踢中了，便转过身来，再飞起右脚。这一扑，有名唤做玉环步，鸳鸯脚。

这一连串的武术散打套路，非常专业也非常精彩，在作者的描绘中呈现出强烈的画面感，充分体现出了打虎英雄武松的魅力。

《水浒传》还涉及许多武术器械，棍、棒、刀、枪样样俱全，比较著名的有青面兽杨志的刀、豹子头林冲的棒、金枪手徐宁的长枪、双鞭呼延灼的鞭等，因此书中就有了许多枪械对打的场面，以表现这些梁山好汉的高强身手。例如，第二回中有少华山的陈达与史进的一番对打："史进也怒抢手中刀，骤坐下马，来战陈达。陈达也拍马挺枪来迎史进。两个交马……手中军器，枪刀来往，各防架隔遮拦。"在这场打斗中，史进用的是大刀，陈达用的是丈八点钢矛，二人是骑马格斗，武术再加上精彩的骑术，所以打斗的场面相当热烈，"一来一往，有如深水戏珠龙；一上一下，却似半岩争食虎。左盘右旋，好似张飞敌吕布，前回后转，浑如敬德战秦琼"。这是一场真正的枪械打拼，作者使用了非常在行的武术行话来描写这个场面，流露出古代武术的夺目光彩，"史进卖个破绽，让陈达把枪望心窝里搠来，史进却把腰一闪，陈达和枪攧入怀里来。史进轻舒猿臂，疑纽狼腰，只一挟，把陈达轻轻摘离了嵌花鞍"。又如，第九回里为了表现林冲的高强武艺，安排了一场洪教头与林教头的枪棒对打："林冲拿着棒，使出山东大擂，打将入来。洪教头把棒就地下鞭了一棒，来抢林冲……山东大擂，河北夹枪。大擂棒似连根拔怪树，夹枪棒如遍地卷枯藤。"在这场硬碰硬的棍棒对搏中，两位武林高手林冲和洪教头使用的都是长棒，为了展示自己的武艺，洪教头也使出了最好的功夫与林教头决一死战，因此二人打得似"两条海内抢珠龙，一对岩前争食虎"般的激烈与精彩。几回对招之后，使那个"恨不的一口水吞了他（指林冲）"的洪教头，在林冲急风暴雨式的长棒招术下，变成了"羞颜满面"，彻底地被林冲的武艺所折服。

二、好汉的抢眼装扮

服装是一个人内在文化品位的具象表现，是一个人精神气质的外化形式。当一个习武之人出现在大家视野里时，人们首先看到的就是他的衣着，感受到的是从衣着里透出的精神气质。因此，《水浒传》的这种对习武者服饰的描绘，有效地增加了习武者的精神内涵与感染力。《水浒传》不仅写了武林中人的武艺，还用了大量的篇幅来描写这些行侠仗义者的抢眼的装束。

例如，写史进的装束是："头带白范阳毡大帽，上撒一撮红缨；帽儿下裹一顶浑青抓角软头巾，顶上明黄缕带；身穿一领白丝两上领战袍；腰系一条五指梅红攒线搭；青白间道行缠绞脚，衬着踏山透土多耳麻鞋"。写陈达的装束为："头戴乾红凹面巾，身披裹金生铁甲，上穿一领红衲袄，脚穿一对吊墩靴，腰系七尺攒线搭膊"。鲁智深的装束为："头里芝麻罗万字顶头巾；脑后两个太原府扭丝金环；上穿一领鹦哥绿丝战袍；腰系一条文武双股鸦青；足穿一双鹰爪皮四缝干黄靴"。正牌军索超的装束为："头戴一顶熟铜狮子盔，脑后斗大来一颗红缨；身披一副铁叶铠甲，腰系一条镀金兽面束带；前后两面青铜护心镜，上笼着一领绯红团花袍，上面垂两条绿绒缕颔带，下穿一双斜皮气跨靴"。

在这种从头至脚的服饰描写中，可以看到《水浒传》好汉们无论穷富贵贱，他们的穿着都是非常有个性的。从上面的描写中可以总结出当时习武者（男性）的服饰规律为：都戴帽或扎头巾，而且有红缨作为帽饰，行动时帽缨飘飘，以显示其奕奕神采和活泼的动感；其服装的颜色以红、绿、黄、金色为主，这种鲜明的颜色最能显示英雄本色，最能抢人眼球，颇有跳跃感；好汉们的脚下一般都是轻便的软皮短靴或麻鞋，这种鞋子轻巧随形，既身手轻便，又行走利落不拖泥带水，充分显示了武行人的健壮与精干。

三、好汉的性格差异

武术界有句行话，叫做"有力使力，无力使巧"，这说明武术技能是与习武者的身体条件紧密配合的。如果一个人身材高大、孔武有力的话，他当然可以仰仗着自己的力气行走江湖，在搏斗中以蛮力占得上风；但如果一个人身体并不威猛，就不具备力量上的优势，所以只能是用四两拨千斤的技巧而取胜。所以在《水浒传》里，作者塑造了不同的武术特征的人物，以显示这种武术风格上的反差，同时也避免了人物塑造时的重复感，增强了小说的看点。

从身体条件上来看，鲁智深显然是占尽优势的，他"生的面圆耳大，鼻直口方，腮边一部貉胡须。身长八尺，腰阔十围"，这半截塔似的身体，是一副典型的壮汉形象。"那醋钵儿大小拳头"更是拳拳有力，可以三拳打死镇关西，还可以倒拔垂杨柳。与他同一性格的是黑旋风李逵，这李逵也是个人高马大的粗鲁汉子，他长得"黑熊般一身蛮肉，铁牛似得遍体顽皮。交加一字赤黄眉，双眼赤丝乱系。怒发浑如铁刷，狰狞好似猱猊"。凭借着这身蛮力，李逵"能使两把板斧，及会拳棒"，人称"李铁牛"。李逵与人对打时，使的都是蛮力，他只会用板斧或棍棒"横七竖八打人"，出手虽狠，却不会用技巧和心计。所以李逵遇到了浪里白条张顺时，二人的打斗就显示出不同的风格。从身材来看，张顺并没有李逵高大威猛，长的是"一身雪练也似白肉"，似乎并不强壮，所以让李逵颇不把张顺放在眼里，以为可以轻易地打败对手。而张顺采用的却是非常有心计的打斗方式，他先是"口里大骂道：'千刀万剐的黑杀才！老爷怕你的不算好汉！走的不是好男子！'"来激怒李逵，又"把竹篙去李逵腿上便搠，撩拨得李逵火起，托地跳在船上"。张顺心中明白，李逵一旦脱离了陆地，就没有办法使出他的一身蛮力，而张顺的优势恰在水上。于是张顺见诱骗李逵上船后，"只脚一蹬，那只渔船一似狂风飘败叶，箭也似投江心里去了"，两个好汉在江里展开了一场搏斗，其结果"正是玉龙搅暗天边日，黑鬼掀开水底天"，李逵吃尽了在水底搏斗的苦头，被机灵的张顺捉弄得好苦。

再如，一丈青与王矮虎对打的场面，充分显示出草莽英雄与正规武官的武艺之不同。扈家庄女将一丈青扈三娘，原是"轮两口日月双刀，引着三五百庄客"的女匪头，身手不凡。清风山的山贼王矮虎，干着"贪财好色最强梁，放火杀人"的勾当，想必也是一身的好武艺，但王矮虎与一丈青对垒时，"一个双刀的熟闲，一个单枪的出众"，最终却是"被一丈青纵马赶上，把右手刀挂了，轻舒猿臂，将王矮虎提离雕鞍，活捉去了"。后来一丈青又与欧鹏、邓飞等人打斗，也都占在上风头上。这说明在草莽英雄之中，一丈青的武艺是高超的，所以可以称霸一方。而当武官出身的林冲一出手，情况马上转变了："一丈青飞刀纵马，直奔林冲。林冲挺丈八蛇矛迎敌。两个斗不到十合，林冲卖个破绽，放一丈青两口刀砍入来。林冲把蛇矛逼个住，两口刀逼斜了，赶拢去，轻舒猿臂，扭狼腰，把一丈青只一拽，活挟过马来。"

这种情景不仅说明林冲高超的武艺，更说明林冲作为《水浒传》中的军界武术人物的代表，其武艺受过正规的训练，一招一式都有着深厚的功力，故与浪荡江湖的草莽英雄有着本质上的区别。

作品来源

发表于《作家》2014 年第 12 期。

《水浒传》里寻茶趣

刘传录

导　读

　　《水浒传》是研究宋朝历史的一幅风俗画卷，也是一部描写宋朝人"吃喝"的百科全书，除了梁山好汉这些粗人"大碗喝酒、大块吃肉"的江湖生活，还有对社会精英生活的细致记录，而茶文化可以说是世俗生活与精英生活不同之处的一大体现。

　　通过品味水浒茶文化至少可以知晓三点，一是当时茶馆很普及，二是茶馆内茶的品种很丰富，三是茶文化已经和民俗融合在了一起。文人雅士更是将饮茶与礼仪结合起来，形成一套喝茶礼仪，给茶文化增添了更为丰富的文化底蕴。

一、茶坊遍地皆是

　　水浒中所描写到的茶坊有十多处，其中对阳谷县"王婆茶坊"的描写最典型、最精彩。潘金莲在不经意中打了西门庆的脑袋，西门庆被潘金莲迷住了，接连到潘金莲隔壁的王婆茶坊搜寻信息，一天多的时间里，就五次进出王婆茶坊，王婆趁机给西门庆推荐了四种茶：梅汤（茶中放几粒乌梅煎制而成）、合汤（用果仁、蜜饯之类的甜食调和烹制的一种甜茶）、姜茶（姜片加一些糖同茶叶放在一起用沸水冲泡）和宽煎叶儿茶。

　　水浒中对喝茶的记载虽然不如对喝酒的描述多，但还是为我们留下了一些对当时茶文化的记录。史进大闹史家庄后，来到渭州寻找师傅王进，"入城来看时，依然有六街三市，只见一个小小茶坊正在路口"。这可以证明，专业水平的茶坊(茶馆)在州府驻地的中小城市遍地皆是。史进入茶坊坐下，茶博士问道："客官，吃甚茶？"史进道："吃个泡茶。"什么是泡茶？就是用开水冲泡的散茶。茶博士呢，其实是身兼煎茶、煮茶、沏茶、泡茶之职的师傅。这说明在宋朝已经有专职的茶叶技师，他们精通茶事、见闻广博。

当然，小地方也有微型茶馆，位于小县城的王婆茶坊，就是由王婆独自经营的，这个茶馆既不设书场，又不请茶博士，估计经营状况不会很好，但也恰恰说明王婆还有别的副业经营，为潘金莲和西门庆当"马伯六"埋下了伏笔。就连花荣任副知寨的清风寨也有一个小茶馆，足以证明宋朝全国各地都有茶坊，茶坊不只是供人休息、解渴的茶馆，更作为一个公共交流空间，承载着较多的社会功能。

二、形成一套喝茶礼仪

水浒中的茶叶品种很多，九天玄女娘娘两次赐宋江的仙茶，罗真人款待宋江等人的仙茶，智真长老请赵员外喝的活佛茶，李师师亲手递与宋江、柴进、戴宗、燕青的香茗，细欺雀舌，香胜龙涎，都属于当时的极品茶，可见水浒中喝茶也是有等级匹配的。宋江作为梁山的老大，喝的茶当然都是极品。至于泡茶、姜茶、宽煎叶儿茶等这些大路茶，只是小店的解渴之物罢了。

与梁山好汉大碗喝酒不同，文人雅士将饮茶与礼仪结合起来，形成一套喝茶礼仪，给宋朝的茶文化增添了更为丰富的文化底蕴。"拜茶"，就是水浒中表示对吃茶者的尊敬而使用的礼貌用语。陆虞候来拜访林冲，林冲就说："少坐拜茶。"因陆虞候是高俅的心腹，又是林冲的朋友，林冲对他奉若上宾，故称"拜茶"。武松为替哥哥报仇，找到了何九叔做证，何九叔道："小人便去。都头且请拜茶。"虽然何九叔见了武松吓得手忙脚乱，但还是要请武松拜茶。看来上茶是待客之道，家有客人先献茶。黄文炳去拜见江州知府蔡九，宾主坐下后，"左右执事人献茶"，等到"茶罢"才开始谈论事情。

水浒中还有一个喝茶习惯——饭后喝茶。施恩为利用武松夺回快活林，每天安排人给监狱中的武松送饭，"武松吃罢饭，便是一盏茶"，而为武松换牢房的理由是："请都头去那壁房里安歇。搬茶搬饭却便当。"因为一只公鸡，时迁被祝家庄擒去，杨雄、石秀到李家庄求救，主人李应"就具早膳相待。饭罢，吃了茶"。

不仅是世俗民间把敬茶作为招待客人的礼节，出家人也是以茶待客。赵员外送鲁智深去五台山出家，对智真长老说明来意，这长老痛快答应后就吩咐拜茶，"只见行童托出茶来"，作者赞美这茶："玉药金芽真绝品，僧家制造甚工夫。兔毫盏内香云白，蟹眼汤中细浪铺。战退睡魔离枕席，增添清气入肌肤。仙茶自合桃源种，不许移根傍帝都。"

裴如海在报恩寺请潘巧云和潘父，也是先敬茶，"只见两个侍者，捧出茶来。白雪定器盏内，朱红托子，绝细好茶"。可以看出裴如海为与潘巧云会面而做了很多准备工作。

你看，鲁智深去了东京大相国寺，智清长老安排他去看管菜园，他不愿管菜园，大相国寺的首座开导他，要从末等的职事做起。末等的职事中，有"管塔的塔头，管饭的饭头，管茶的茶头，管菜园的菜头"。茶头就是寺院中专门负责茶的僧人，可见喝茶在寺院中受重视的程度。

三、"风流茶说合"

茶能成事，也能坏事。"风流茶说合，酒是色媒人"这一句谚语在《水浒传》中出现了两次。

第一次是王婆贪贿说风情，作者详尽地描写了在阳谷县西门庆勾搭潘金莲的过程中，茶和酒所起到的作用。第二次是郓城县的张文远与阎婆惜，虽然是因宋江带张文远到家中喝酒而结识，但此后"宋江不在时，这张三便去那里，假意来寻宋江，那婆娘留住吃茶，言来语去，成了此事"，吃茶，成就了他们二人的"好事"。不过他们最后都成为吃茶的牺牲品，被武松和宋江杀死。

　　最让人感慨的是郓城县县衙对门的茶坊，在这里宋江稳住何涛，给晁盖报信，改变了历史的进程。宋江是这茶坊的常客，何涛到郓城县捉拿抢夺生辰纲的晁盖等人，来到县衙时"却值知县退了早衙，县前静悄悄的"，何涛也只能到"对门一个茶坊里坐下吃茶相等"，恰好遇到了宋江。宋江为了所谓的忠义，置国家利益而不顾，把何涛稳在茶馆，乘机去给晁盖送信，让晁盖等人逃上梁山，成为大宋王朝的大患，同时也把宋江自己逼上梁山，对抗朝廷，耗费了国家大量战略物资，客观上帮助金国灭掉了宋朝，这也算是茶惹的祸吧。

▌作品来源▌

　　发表于《金秋》2015年第18期。

《水浒传》中的礼文化

梅雪吟

导 读

　　《水浒传》虽然是一部尚武小说，但也充满了浓郁的"礼"文化气息。表面上，梁山英雄们多为粗鲁之人，甚至被认作"强人""草寇""贼寇"，实际上他们都讲仁讲义、注重礼德。笔者认为，《水浒传》中的"礼"文化主要表现在相见礼、夫妻道德礼、祭祀礼、秩序观念、规范意识等方面。

　　《水浒传》是一部经典的中国文学名著，它揭露了封建社会中的黑暗和腐朽一面以及统治阶级的罪恶，同时也深刻揭示出了起义的思想局限性。

　　《水浒传》也称《忠义水浒传》，由此可见"义"是其中的核心价值观之一。但是，作为一个全景图式的生活画卷，我们注意到，好汉们在"义"的价值观驱使下，也表现出对"礼"的极端尊重和推崇。作者在写到好汉们见面时，也总是不厌其烦地铺陈礼仪；在写到官场浮沉时，作者总是不吝笔墨地描写人物安排主次座次、排列膳食果品、唱喏应答的场景。这也是小说中铺陈人物关系的重要方法。这些语言和行为在今天看来似乎是有些"繁文缛节"之嫌，但是在那个时代，身份辈分、长幼有序等的考量，都是通过身体力行的"礼数"表现出来的。我们认为，在这里义是礼之用，礼是义之体。体用结合，产生的凝聚力和感召力是不可估量的。学界广泛认为周礼是对殷商原始祭拜礼仪的继承。繁体"礼"字的右半边"豊"，在甲骨文中，像豆形器皿里盛上美玉，表示用最美好的物品敬拜神灵。当"豊"作为单纯字件后，有的金文再加"示"另造"禮"。可见在造字之初，礼与祭祀就紧密相关。

殷人的神祖崇拜意识十分浓厚，自古就有"殷人信神尚鬼"之说。甲骨文发现后，已证实此言非虚。巡狩作为最高统治者的国事活动，自然不会随便地简单行事，卜辞显示是要履行一定的礼仪程序的（郭旭东《卜辞与殷礼研究》）。现存甲骨中多见问告之语，可见在殷国家大事如无问告，寸步难行。充分反映了商王国事活动对礼仪的要求，凡事"令（祖先）以示先步"的传统。这种带有神秘色彩的卜筮仪式，是我国礼文化的源头之一，同时也决定了千百年来我国的礼文化与西方礼文化的异同，即从殷商到周，一段长期历史时期对祖先（人）的直接神化，以及对仪式感的极端重视。

下面，我们具体结合文本，来分析《水浒传》中表现出来的"礼"文化。

一、座次之礼

席上座次的讲究，从《礼记》中的记载来看，主要是方位的问题。如自"尊者"至"尝羞"一节，"论设尊及折俎行爵尝羞之仪"。据郑玄注曰："尊者，谓设尊人也。人君陈尊在东楹之西，于南北列之，设尊之人，在尊东西面，以右为上，则尊以南为上也。酌谓酌酒人也。酌人在尊东西面，以左为上，亦上南也。二人俱以南为上也，故云"以酌者之左为上尊"（《礼记正义》孔颖达疏）。这是说设酒席时尊者要坐北面南，卑者要"西乡（向）"以事酒。而卑者中以左为尊，右更次之。

"鲁提辖拳打镇关西"一回中写道：

> 三人来到潘家酒楼上拣个济楚阁儿里坐下。提辖坐了主位，李忠对席，史进下首坐了……从里面出来，请鲁达居中坐了，插烛也似拜了六拜，说道："若非恩人垂救，怎能够有今日！"拜罢，便请鲁提辖道："恩人，上楼去请坐。"

这里的"居中"和"上首""下首"就是座次高低的体现。据《礼记》记载，坐北面南为尊。即是餐桌的上首，坐东面西次之，坐西面东再次之。南面便是下首了。如果因为房间走向和装饰、布置的原因取不了北南正向，亦可把面对房门的位置定为上首。上首左面次之，上首右面再次之，上首对面的房门处即下首。餐桌的上首一般坐年长的人、主人、贵宾或者新婚夫妇等。下首是宴会主人的位置。为什么以北为上呢？因北为"乾"，为天（《易》）。东面是古人崇拜的太阳升起的地方，在北之左，"吉事尚左""君子居则贵左"，因此仅比上首次之。

当然，哪个座位是"上首"，要根据具体房屋的开门方位斟酌，这里又牵涉方位问题：一般西在北之右，"用兵者贵右"（老子《道德经》第三十一章）。历史上曾经有过左尊右卑、右尊左卑两种截然相反的文化习俗。这种文化现象仍然是和传统的阴阳二分思想紧密相联的，是左为阳还是右为阳呢？《道德经》云："君子居则贵左，用兵则贵右。……吉事尚左，凶事尚右；偏将军居左，上将军居右。"这里就说平时贵左，用兵时贵右。即古人与朋友之间的交往以左为上，谦让有礼。自己屈居下位，上菜时也方便上宾用菜品果蔬。整体上以待客为上。其次，战争中人们都希望抢占上风，以占据有利条件，赢得战争胜利。因此"吉事尚左，凶事尚右"。在座次文化中，喜庆之事的礼仪，以左边为上，凶险之事的礼仪则以右边为上（侯嘉亮《中国传统家宴座次礼仪浅谈》）。

这样的例子还有很多：

1. 戴宗便拣一副干净座头，让宋江坐了头位，戴宗坐在对席，肩下便是李逵。三个坐定，便叫酒保铺下菜蔬果品海鲜按酒之类。

2. 行到晌午，早望见官道上一座酒店，三个人到里面来，林冲让两个公人上首坐了。

3. 张顺却自来琵琶亭上陪侍宋江。宋江谢道："何须许多？但赐一尾够了。"张顺答道："些小微物，何足挂齿。兄长食不时，将回行馆做下饭。"两个序齿坐了。李逵道自家年长，坐了第三位。张顺坐第四位。

4. 张青教摆在后面葡萄架下，放了桌凳坐头，张青便邀武松并两个公人到后园内。武松便让两个公人上面坐了，张青、武松在下面朝上坐了，孙二娘坐在横头，两个汉子轮番斟酒，来往搬摆盘馔。张青劝武松饮酒。

从以上例子可以看出，在《水浒》里，不论是朝廷命官戴宗、东京教头林冲，还是黑店老板、市井里做小买卖的，不论地位高贵卑下，社会分工如何，都无一例外遵循座次的原则。

其中，孙二娘要坐"横头"这个尊位，就颇值得玩味：因为丈夫武艺没她高强，而且这个店不是姓张，而姓孙，为什么呢？孙二娘的黑店是祖传的，她父亲叫山夜叉孙元，是江湖上的前辈，绿林中是有名的。所以我们就看到在菜园子张青跟孙二娘这样的关系里边，是以孙为主，以张为副。

二、应答之礼

"侍坐于君子者，则左右屏而待者，侍者闻告欲有所白，则当各自屏退，左右避之，不得远也。'毋嗷应'者，嗷谓声响高急，如叫之号呼也。应答宜徐徐而和，不得高急也。'毋淫视'者，淫谓流移也。目当直瞻视，不得流动邪盻也。'毋怠荒'者，谓身体放纵，不自拘敛也。"（《礼记·曲礼上》孔颖达疏）这是孔颖达在礼记中对"应答"方面礼仪的解释。

因此，我们见到在《水浒传》里，方才还是杀人不眨眼的狠人，到了公堂上见了官或者上级，都像换了个人一样唯唯诺诺、恭恭敬敬。这里举一个具有代表性的例子：第三十回，几日前还"怒打蒋门神"的武松到了张都监府里：

> 武松到厅下，拜了张都监，叉手立在侧边。张都监便对武松道："我闻知你是个大丈夫，男子汉，英雄无敌，敢与人同死同生……"便教坐了，武松道："小人是个囚徒，如何敢与恩相坐地。"张都监道："义士你如何见外？此间又无外人，便坐不妨。"武松三回五次谦让告辞。张都监那里肯放，定要武松一处坐地。武松只得唱个无礼诺，远远地斜着身子坐下。

以上这个例子中，我们能看出好汉们的粗中有细。叉手、唱喏之后，就算是勉强坐下，也要"远远地斜着身子坐下"，绝不敢去冲着正中的首座。另一方面，我们不得不承认好汉们受礼仪文化影响之深入骨髓。

古代的"唱喏"，为站立礼，分躬身和直立，两手抱拳作揖。口中念颂词一类的话。在书中处处可见，大致相当于现代孩子进门必须的一声"我回来了"，如果哪天没有这一声而"擅自"进了家门，家长多半会教训孩子。

不仅是语言上的应答，唱喏拜见在肢体动作上应答、接见的方式和程度也有很多，如：

第二回王进见高俅，"参见太尉，拜了四拜，躬身唱个喏，起来立在一边"。

第十六回杨志见梁中书，"叉手向前，禀道……"

第二十四回武松见潘金莲，"推金山，倒玉柱，纳头便拜，那妇人向前扶住"。潘金莲失手滑竿打了西门庆，"叉手深深地道个'万福'"。

第二十四回西门庆初见潘金莲，王婆笑他"却才唱得好个大肥喏"。

第二十五回何九叔见武松，"叉手道……"

第三十八回张顺唱个喏道："院长，休怪小人无礼！"

第四十九回解珍、解宝见毛太公，"声了喏，说道：'伯伯，多时不见，今日特来拜扰。'"

第五十五回汤隆"不慌不忙，叉手向前，说出这般军器和那个人来"。

第五十九回宋江向宿太尉"躬身唱喏"。

第七十四回李逵到寿张县做假知县："两个吏员出来厅上，拜了四拜，跪着道：'头领到此，必有指使。'"……"公吏人来，擎着牙杖、骨朵，打了三通擂鼓，向前声喏"。

第八十一回，"燕青便起身，推金山，倒玉柱，拜了八拜，那八拜，是拜住那妇人一点邪心"。

在这里，无论是"唱个大肥喏"的常用过场，还是行"推金山倒玉柱"的大礼，都说明了古代应答礼仪的完善和繁复。

三、谦让礼仪

除了按照职位高低、年长年晚细分各种礼仪，"谦让"也是同辈中的常见礼仪。一般看来，在《水浒》里，即便是有明显的等级分别，一些以"礼贤下士"自居的官人也会再三谦让首座，并借此来表达对好汉的敬意。例如，在林冲初进柴大官人庄里时，有这样一段描写：

柴进说道："小可久闻教头大名，不期今日来踏贱地，足称平生渴仰之愿！"林冲答道："微贱林冲，闻大人名传播海宇，谁人不敬！不想今日因得罪犯，流配来此，得识尊颜，宿生万幸！"柴进再三谦让，林冲坐了客席。

由此看来，谦让席位等也是个人修养的重要体现，接下来这一段对趾高气昂的洪教头的描写，就颇具对比的意思了：

柴进指着林冲对洪教头道："这位便东京八十万禁军枪棒教头林武师林冲的便是，就请相见。"林冲听了，看着洪教头便拜。那洪教头说道："休拜。起来。"却不躬身答礼。柴进看了，心中好不快意。林冲拜了两拜，起身让洪教头坐。教头亦不相让，走去上首便坐。柴进看了，又不喜欢。林冲只得肩下坐了。两个公人亦就坐了。

这里洪教头不知礼仪，先是回礼不周，待人傲慢，再是不知谦让："亦不相让，走去上首便坐"。柴进看了，当然是"又不喜欢"，林教头和洪教头在庄里孰去孰留，除了比武结果的主因之外，也在"礼度"的高低上埋下了伏笔。

在《水浒》中，森严的礼仪制度也是好汉们"忠义"思想的外在体现之一，无论他们如何像一种神化的脱离世俗的存在，兄弟间的感情达到怎样的同生共死，一举一动也始终带着一种不自觉的等级、尊卑思想的烙印。《水浒》中的"礼"就是社会关系的一个外在体现。农民起义中无论高级将领如何强调"平等"的观念，连相同级别的将领也要再从年龄、上山先后顺序来细分座次，而不是权重一个人的能力大小。这样一来，仅仅在统治阶级内部，也无法真正做到圆桌式的民主决策，最终还是辈分压人，逃脱不了人治。梁山如此，义和团如此，太平天国也如此，他们探索理想社会的努力最终失败的原因也可从此管窥。这可看作礼制的消极方面之一。

四、丧葬礼仪

《礼记》中载："父母之丧，衰冠、绳缨、菅屦，三日而食粥，三月而沐，期十三月而练冠，三年而祥……引《书》者，明古来王者皆三年丧。"（《礼记·丧服四制》)。这种"三三制"的丧葬礼仪,我们看到在《水浒》中的民间和江湖已经遗留很少了。据《宋史》,北宋火葬开始普遍,服丧时间亦减短。在佛教、道教的影响下,"超度"和"设灵"出现。如第二十六回中,武大郎被潘金莲毒杀身亡后的描写:

> 且说王婆一力撺掇那婆娘,当夜伴灵。第二日,请四僧念些经文。第三日早,众火家自来扛抬棺材,也有几家邻舍街坊相送。那妇人戴上孝,一路上假哭养家人。来到城外化人场上,便教拳火烧化……棺木过了,杀火,收拾骨殖,撒在池子里。众邻舍各自分散……再说那妇人归到家中,去木局子前面,设个灵牌,上写"亡夫武大郎之位"。灵床之前,点一盏琉璃灯,里面贴些经幡、钱垛、金银锭、采缯之属。

第七十一回中,宋江说:

> 我心中欲建一罗天大醮,报答天地神明眷佑之恩。一则祈保众弟兄身心安乐。二则惟愿朝廷早降恩光,赦免逆天大罪,众当竭力捐躯,尽忠报国,死而后已。三则上荐晁天王早生天界,世世生生,再得相见,就行超度横亡恶死、火烧水溺一应无辜被害之人,俱得善道。后又令人下山,四处邀请得道高士……将附近寺院僧众请上山做功德,为晁天王死后升天堂铺平道路,那排场当不在史太公之下。

在今天看来,这种形式无疑带有迷信色彩,但在当时人们的心里或许是寄托哀思、犒赏英魂的最好方式。与其说梁山上的丧葬礼仪体现的是对死的悲痛,不如说是对来生的向往。在好汉们眼里,死并不可怕,而是通往来生的一条道路。这种请僧道"作法"的仪式,无形中翼辅了梁山好汉无畏生死的精神气质。

五、结　语

中华礼仪文化源深流广。比如,"汉语中排列四方次序就有两种,第一种是东西南北,东西相峙,南北相对,这种排列上古已开始使用。第二种是东南西北,按顺时针方向排列,在近代汉语里才出现。无论是东西南北,还是东南西北，抑或南北东西等，都是先东后西，先南后北。"（梁宁森《方位座次中的文化含义》）这是中国古代文化中尊卑观念和等级制度的反映。这种"次序"不是仅仅为了区分阶级，也是为了协调长幼、主客的关系。在《水浒传》中我们清楚地看到了这种礼仪制度的延续和发展。

据笔者进行的探访，在今天的山东，餐桌礼仪也是非常重要的。山东地区的中式聚餐也是用圆桌较多，上位即最中间十二点位置是主陪，是地位较高的主人，负责主持酒宴。对面六点位置是副陪，是地位较低的主人，负责服务买单和喝酒，主陪右边十一点位置是第一主宾，左手一点位置是第二主宾。副陪右手五点位置是第三主宾，左手七点位置是第四主宾。如此依次排开。在山东的宴会礼仪中，传统的尊左卑右和主宾上座完好地保留了下来。其实，在山东以及全国很多地方，这种礼仪是人们宴会不可缺少的一部分，也是情感交流的基础。

试想，如果这些"繁文缛节"消失殆尽，会有怎样的结果？新中国初期，为了拉近人与人的关系，弭平阶级差别，进行反封建的社会文化运动，有其重要的历史意义。而在今天，文化社会的发展逐渐落后于经济社会的发展，人与人之间的关系不见亲密反见恶化与疏离。我们发现，现代化社会里的中国人在明礼用礼方面，竟还远不如千年前《水浒传》中的粗莽大汉、落草英雄。这不得不引发我们的思考。"忠信，礼之本也；义理，礼之文也。无本不立，无文不行。礼也者，合于天时，设于地财，顺于鬼神，合于人心，理万物者也。"（《礼记正义》）诚然，"礼"是一个人为人处世的基本要求和文化内涵的外在体现，也是人之所以为人的标准之一。所以，我们应当对古代礼仪做科学辩证的扬弃，站定文化自信的立场，推动传统礼仪文化的回归，也不失为一种进步的反刍。

作品来源

发表于《中华活页文选（教师版）》2017 年第 8 期。

《水浒传》中的称谓习俗

李文学

导　读

　　称谓是人类社会中最为常见的语言文化现象之一，它反映了人与人之间亲疏远近、尊卑贵贱的次序差别，是人际关系的具体表现形式。《水浒传》用朴实易懂的民间白话写成，描写的主要人物或是流于乡野的"下里巴人"，或是奔走于街头的"市井细民"。这使得作品中充斥着大量鲜活、生动的语言民俗。称谓习俗便是其中最重要的一种形式。

　　《水浒传》用纯白话文写成，描写的人物大多是市井平民。因此，作品中含有十分丰富的语言民俗，其中最为典型的便非称谓习俗莫属了。有亲属称谓，如"娘子""官人""老婆""老公"等；有尊称，如"夫人""大官人""干娘"等；有蔑称如"腌臜泼才""泼皮"等。此外，还有各种各样的代称、对各等级官员的称谓以及人物绰号等。毫不夸张地说，《水浒传》向读者展示了一个古代称谓的文化大观园。

一、《水浒传》中的亲属称谓

　　亲属关系有血亲和姻亲之别，《水浒传》中人物的亲属关系主要有翁婿、叔嫂、夫妻等。

　　翁婿间称谓，在第四回中多有体现。如周通称刘太公为"丈人""泰山"，并自称为"女婿"。还有"衣衫窄窄，今夜做个娇客"之语。关于"丈人"，《唐书》："杜黄裳之婿韦执谊为相，黄裳劝其请太子监国，执谊曰：'丈人甫得一官，奈何启口议禁中事？'"称妻之父为"泰山"，《晁氏客语》引开元十三年封禅泰山，三公以下例迁一阶，张说为封禅使，其婿郑镒自九品骤至五品。会大宴，明皇讶之，黄幡绰曰："泰山之力也。""娇客"是对女婿的俗称，苏轼诗中有"妇翁未可挝，王郎非娇客"之句。

《水浒传》二十四回，武松与潘金莲初次相见，潘金莲一口气用了二十多个"叔叔"或"阿叔"称呼武松，表现其爱慕欣喜之意。武松亦用"嫂嫂"称呼潘金莲。古代妇女多称夫之兄弟为"伯叔"。《尔雅·释亲》有"夫之弟为叔"的记载。《礼记·杂记下》："嫂不抚叔，叔不抚嫂。"《史记·苏秦传》中苏秦之嫂称苏秦为"季子"，司马贞《索隐》注曰："其嫂呼小叔为季子。"对于兄之妻，古人和今人都称"嫂"，没有发生大的变化。《尔雅·释亲》："兄之妻为嫂"；《说文》："嫂，兄之妻也"。此外，还可以称为"大嫂""长嫂""嫂嫂"等。

夫妻间的称谓是《水浒传》中出现得最为频繁的亲属称谓了。夫称妻有"娘子""老婆""老小""拙荆""拙妇""荆妇""浑家""妻子""大嫂"等十多种。妻对夫的称谓，有"官人""老公""拙夫""相公""大哥"等几种。其中，"娘子""拙荆""拙妇""荆妇""官人""相公"等称呼多出于文雅、有知识的人之口。如林冲和林娘子互称为"官人""娘子"。俞正燮《癸巳存稿》卷四《女人称谓贵重》有云："盖娘子以称内主，其闺女则称小娘子也。六朝、唐人相沿，辽、金、元皆承用之。或笑其俚，不知其托意至高也。"可见，称"妻子"为"娘子"经历了一个由雅而俗的演变过程。"官人"本是对为官之人的称呼，到宋时始作为广泛的尊称，并被用于妻子对丈夫的称呼，不管丈夫是否为官。如《京本通俗小说·错斩崔宁》："官人直恁负恩，甫能得官，便娶二夫人。"有官职之人的夫妻，互称又有不同。蔡京之女下嫁梁中书，且梁中书无疑是靠着蔡京之力才得有此官。因此，在称呼上，梁夫人称中书大人为"相公"，梁则称其妻为"夫人"。在周代，"夫人"乃是对诸侯之妻的称呼。秦汉以后，"夫人"才慢慢从对王侯妻妾、高级官员之妻的封号衍变为普通官绅人家对妻子的称呼。后来这些称呼亦普遍用于各阶层夫妻之间。夫妻间互称为"大哥""大嫂"或者"大姐"的，《水浒传》中也多有出现，应该是表示夫妻间的相敬相爱。如第十回中的李小二和其妻子，就是互称为"大哥""大姐"。林冲与林娘子也曾互称"大哥""大嫂"。这种用法在古时甚至今天都不算常见，与现代口语中的"孩子他爹""孩子他妈"可能是同一类型。在称谓过程中有意加入了第三方，并将第三方称谓对方的方式直接借用过来用于称呼，表达一种亲昵。

二、《水浒传》中的职业称谓

所谓职业称谓，也就是指对从事不同职业的人的称谓。水浒传中所写人物有农民、地主、商贩、僧道、艺人、娼妓等不同的身份地位。他们的职业各不相同，职业称谓千差万别。

首先是各级文武职官的称谓。如王进、林冲都曾做过八十万禁军"教头"。《通考·兵考》谈及宋代兵丁人数变化，"庆历之籍，总一百二十五万九千，而禁军马步八十二万六千。视前募兵寖多，自是稍加裁制，以为定额"。可见，八十万禁军一说确有实在的根据。王进意欲投奔老种"经略"相公。"经略"之官职乃唐朝时所设，亦名"经略安抚使"。《宋史·职官志》云："经略安抚使以直秘阁以上充之，掌一路兵民之事，皆帅其属而听狱讼、颁禁令、定赏罚、稽钱谷、甲械、出纳之名籍，而行之以法。"鲁智深、杨志皆做过"提辖"。《宋史·职官志》介绍"提辖"的职能云："守臣带提举兵马巡检都监及提辖兵马者，掌统治军旅、训练校阅，以督捕盗贼而肃清治境，凡诸营尺籍赏罚皆掌之。"朱仝、雷横、武松三人是"都头"出身；忘恩负义的陆"虞候"；陷害武松的张"都监"；宋江曾为刀笔吏、人所共知的宋"押司"。

其次是下层百姓的行业称谓。如第二十四回中，王婆向西门庆自我介绍道："老身为头是做媒，又会做牙婆，也会抱腰，也会收小的，也会说风情，也会做马泊六。"一句话中便包含了四五种"职业"。看来，王婆为了自身的利益没少花心思做"兼职"。"做媒"也便是后面说的"撮合山"；"牙婆"指女性买卖中间人，通过买卖双方赚钱，与今天的中介类似；"抱腰"是指做接生婆的助手，专管抱持产妇的腰部；"收小的"亦是指接生；"马泊六"俗指牵引男女作非正式结合的人。清褚稼轩《坚瓠广集》："俗呼撮合者曰'马泊六'，不解其话，偶见《群碎录》：'北地马群，每牡将十余牝而行。'愚合计之，每百马用牡马六匹，故称'马泊六'。"可见，"马泊六"与"撮合山"皆指为人做媒之事。"三姑六婆"往往是人们所厌弃的对象，而王婆却同时兼任了"媒婆""稳婆""牙婆"三职。从作者为王婆安排的出场白里面，我们便大致可以推出她是个怎样的角色，后来做出帮助西门庆与潘金莲勾搭成奸并药死武大之事也就见怪不怪了。对年轻女子卖艺或卖身者，《水浒传》中的称谓也各不相同。如第二十回中的"有几个上行首，要问我过房几次"。"上行首"也就是"上厅行首"之意，是宋元时代官妓的称呼。第二十四回有"不是老身路岐相央"。"路岐"宋元时代指的是江湖上的卖唱艺人，他们在表演完毕后往往请求观众给予酬资。这里所谓的"路岐相央"就是"仿效路岐人向观众要钱的样子"的意思。同样在第二十四回中，有"睃那粉头时，三盅酒下肚，哄动春心"。这里的"粉头"，指娼妓或者行为不正当的夫人。此外，有"养娘"（第三十回）、"梅香"（第五十六回）指"婢女"，"顶老"（第二十九回）、"烟花"（第三十二回）、"花娘"（第五十一回）指娼妓，"阴阳人"（第三十九回）指"占卜星相的术士"，"妳子"（第五十一回）指"奶妈"，"小闲"（第七十二回）指"帮闲的"，"角妓"（第七十二回）指"能歌善舞的官妓"等，在此不再赘言。

三、《水浒传》中的代称——绰号

《水浒传》中出现的人物，大多都有自己的绰号，这是其人物描写上的显著特点。在介绍人物出场时，除了描写他们的相貌、性情、出身外，往往还会给出一个绰号。这些绰号生动形象，基本上概括了人物的性格特征，能给读者留下很深的印象。《水浒传》中绰号的命名特点，大约可分为以下几类：

一是根据人物本身的品性来分。如李逵长得很黑，第三十八回说他"不搽煤墨浑身黑”。此外，他蛮力大如牛，打仗杀人勇往直前，往往“忘我”且“投入”，所以作者给他“黑旋风”的绰号，喻指他能撼天动地。如石秀，外号“拼命三郎”。这里的“拼命”，也即凶狠之意。苏轼有“能自拼命者能杀人”之语。宋元时平民习以排行相称呼，石秀大概排行老三，又因为他“平生性直，路见不平，便要去舍命相护”，便被赋予“拼命三郎”的绰号。

二是根据人物所使用的兵器命名。如关胜，第三十六回介绍道：“此人乃是汉末三分义勇武安王嫡派子孙，姓官名胜。生的模样，与祖上云长相似，使一口青龙偃月刀，人称‘大刀关胜’。”因为能使“大刀”，所以关胜的绰号便是“大刀”了。与此种绰号命名方式相同的有，如“双鞭”呼延灼、“双枪将”董平、“没羽箭”张清、“金枪手”徐宁等。

三是根据人物的相貌特征来命名绰号。如林冲“生得豹头环眼，燕颔虎须”，所以被称为“豹子头”；鲁智深在第十七回自我介绍时说：“人见洒家背上有花绣，都叫俺做花和尚鲁智深。”；杨志因为“面皮上老大一搭青记，腮边微露些少赤须”，面目难看，所以叫“青面兽”。其他如“浪里白条”张顺、“九纹龙”史进、“一枝花”蔡庆、“鬼脸儿”杜兴等，都是根据其外貌特征命名。

除以上所详细举出的三种外，还有在古人名字前加“病”或者“赛”“小”等字的，表示比以前的猛将或者手段还要厉害或者略逊一筹。如“病尉迟”孙立、“病关索”杨雄、“赛仁贵”郭胜、“小温候”吕方等。其中的“病”字，其实并不是我们所理解的因为“面貌微黄”像“病人”的“病”，而是与“赛”近义，是“胜过某某”的意思。

《水浒传》中的称谓，除了以上的分类方式，还可作如下划分。如将称谓分为自称、称人、称第三方，则有：自称自己为“俺”“洒家”，谦称自己“小人”“小可”“小生”等；老年男子自称“老夫”“老汉”；女子自称“奴”“奴家”或者“伺儿”；老年妇女自称为“老身”。称人的则有：称男子为“汉子”“足下”“大哥”“大郎”“管人”“大官人”“阿哥”“小哥”等；称老年男子为“太公”“公公”“阿公”“丈丈”等；称年轻女子为“娘子”“阿嫂”或者“嫂子”；称老年妇女“阿婆”“老娘”“妈妈”等；称第三方的则有：称女人为“雌儿”“婆娘""妮子"等;称皇帝"官家";称纨绔少年"郎君子弟";称小孩"小猴子"等。此外,还可以分为尊称、贱称或者蔑称等。如用"腌臜泼才"指流氓无赖;用"捣子"蔑称穷苦人;用"老猪狗""老咬虫""乞贫婆"等辱骂老年妇人。

通过以上详细的分析与梳理,《水浒传》中的称谓习俗有了一个大致的轮廓。其中的人物称谓,因为不同的身份、不同的年龄、不同的职业、不同的性格特征、不同的外貌而各不相同。从某种层面来说,《水浒传》既是文学上当之无愧的古典名著,也是语言学上的不朽之作。它为我们研究古代的称谓习俗提供了大量具体生动的例证。可以毫不夸张地说,《水浒传》是一部称谓学上的"百科全书"。

‖作品来源‖

发表于《安徽文学(下半月)》2009年第1期。

解读《水浒传》中的体育文化活动

梁传诚

导 读

　　《水浒传》是中国明代初期的小说家施耐庵根据北宋年间的农民起义事迹创作的一部长篇章回体小说。《水浒传》主要讲述了北宋山东郓城刀笔吏宋江和一群绿林好汉啸聚梁山，并且南征北战，攻击北宋政权，主张替天行道的侠义类小说。作品中涉及很多体育文化活动，下面将对其进行探讨。

一、《水浒传》中的体育文化活动描绘的重大意义

　　《水浒传》这部章回体小说虽然是重点记述苛政猛于虎、官逼民反的作品，但是这部小说是中国文学史上第一部完整地描述啸聚山林的土匪贼盗群体的小说，因此在中国文学史中的地位崇高，在世界文学史当中也是一部非常重要的作品。

　　《水浒传》对于梁山众好汉的经历都进行了比较详细的描绘，尤其对梁山好汉中的核心人物，比如豹子头林冲、花和尚鲁智深、九纹龙史进、行者武松、呼保义宋江等人的生活细节描绘细致，特别是这些凶强侠气的英雄豪杰，往往有着一身的好武艺，所以有很多相关的体育活动伴随着这些人物的生活。

　　《水浒传》对于研究宋代至明初的中国体育文化具有重要的意义。小说当中英雄好汉打斗、军事武术、休闲蹴鞠等各种类型的体育文化活动描述

篇幅较多，这些描述为研究中国体育历史演化提供了很好的参考资料。

二、《水浒传》中独树一帜的武术文化

武术是中华文化当中最特别的体育文化。中国的武术文化源远流长，流派众多，经久不衰，从汉代的墓室画像，就已经看到中国古代先民运用兵器进行娱乐活动的绘画作品。随后如记录宋代文化的《东京梦华录》等书籍记载了行伍中进行百戏格斗的表演等。但是这些绘画艺术和笔记记载较为单薄，一般只是记述其事，而缺乏生动的细节描摹。而《水浒传》则不同，虽然情节内容是杜撰的，但是小说当中的武术细节，从描述的详细程度以及全面程度来看，应该是比较真实地记录了从宋代流传到明代初年的一些基本的武术形式，这对于研究中国的体育文化史而言，无疑是弥补了空白。

《水浒传》的开篇就对武术文化有所描述。在小说的第二回，东京八十万禁军教头王进经过史家庄，和九纹龙史进比武，王进将棒一掣，史进后生的棒就已经丢在一边了，倒在了地上。另一位八十万禁军枪棒教头豹子头林冲也是一招制敌，把棒从地上一挑起来，就已经把洪教头打倒在地上了。王进在和史进试过武艺之后，对九纹龙史进说，你学了花棒，虽然看起来花样繁多，但是实际上并没有真正的实战意义。这句话其实表明了武术和武艺之间的差别。武艺注重实战，在实际的战斗当中，注重最快最准地让敌人丧失战斗力。而武术则更为宽泛，甚至包括了注重模样、样式的花枪棍棒。

花枪棍棒虽然有形无实，但是仍然不失为一种江湖上的技艺，并且能够谋生存活。比如水泊梁山上的其中两位头领，病大虫薛永以及人称打虎将的李忠，都是靠着花枪棍棒的武术表演卖点膏药的走江湖人士，他们并没有籍籍无名，仍然在梁山头领座次有一席之位，可见其身手还能敌得过至少一二十个汉子。所以花枪棍棒这种武术，虽然对王进等武艺高强者并无实战意义，但是这种武术仍然可以用来防身以及战斗。

徒手搏击和散打在现代武术中已经是一种确定的武术形式了，然而《水

浒传》当中就已经有这一类的描述了。宋元时代的厮扑，在《水浒传》中写作"相扑"。相扑其实是一种娱乐类型的摔跤，注重表演，全身赤裸，只着短裤互相厮打，然后以脚力取胜。然而在《水浒传》中则不同，虽然也称为相扑，但是实际上是另一种武术类型，应为厮扑。比如在小说的六十七回中，没面目焦挺和黑旋风李逵互相进行厮打，这场厮打其实就是一种徒手厮打的形式。而武松在快活林打蒋门神，使出过一招"玉环步鸳鸯脚"，更是散打里面的招式。

中国的武术中，兵器众多，《水浒传》里面几乎每一位好汉都有自己的拿手兵器。古人常说十八般兵器、十八般武艺，但是这些兵器的数量其实已经远远超过了十八种。比如武松曾在景阳冈打大虫，使的是一支哨棒，而后来浪迹天涯，用的是戒刀。花和尚鲁智深，使的是一把八十八斤重的铁禅杖，外加一把戒刀。而扑天雕李应用的是飞刀，金枪手徐宁使的自然是一把枪，双鞭呼延灼使一对钢鞭，小李广花荣射得一手好箭，没羽箭张清则是飞掷石子。众人所使兵器不同，甚至有的擅长几种兵器，有的更是并不只用一种兵器，就地取材，拿起什么，什么就是兵器。从这些武术中的兵器多样性，也可以看出《水浒传》中武术文化的博大精深。

三、《水浒传》中的游泳文化

《水浒传》当中的众好汉啸聚梁山，而梁山之所以成为众好汉聚集之地，并且还集合了桃花山等山上绿林的加盟，主要在于梁山的地形易守难攻，并且有湖水环绕，因此又叫做水泊梁山。梁山依靠水泊来守护，自然水兵以及熟悉水性和水上战斗的水将是非常重要的。这也是《水浒传》当中游泳体育文化的重要内涵。

在《水浒传》中，梁山好汉里最负盛名的水将是阮氏三兄弟。阮氏三兄弟在多次战役里面，都是依靠自己熟悉水性，潜水而行，结果战胜了北宋朝廷的军队，获得胜利。又如山东呼保义宋江，因为浔阳楼的反诗事件，被捕而锒铛入狱，朝廷的通判决定要把宋江以及神行太保戴宗、黑旋风李迻三人处斩。当时水泊梁山山寨之主托塔天王晁盖惊悉，马上派遣一众好汉前往江州劫法场。当敌方的通判逃到江面上时，就被江州地方最熟悉水性的混江龙李俊和浪里白条张顺等人控制起来了，通判的手下不熟悉水性，在水中不知西东，而通判也无法跳水逃遁，只好乖乖被捉，引颈待戮。

再如北宋政府的太尉高俅因为梁山势力坐大，加上梁山的部队去袭击高唐州、大名府以及大闹东京等，已经成了有一定实力的地方反政府的武装力量，所以派遣中央的军事力量，联合地方团练，三次对梁山的反动力量进行剿灭，但是终究无果。

其中在军事上有一点最大的差距，就是政府军队的官兵水性不足，渡江进剿的时候，被梁山的水兵袭扰，最终都失败了。潜水凿穿朝廷官兵的船舶，就需要很好的水性才行。比如在和太尉高俅的部队进行战斗时，朝廷将领何涛的船舶渡江进剿，谁知道水里忽然冒出了很多梁山的水兵，一出来就把何涛给扯进江水当中了。朝廷的官兵所乘之船，很多都出现冒水漏水情况，很多船舶都开始倾斜沉底了。原来这些水兵都是浪里白条张顺带领的，这些水性高超的水兵，把这些朝廷的官兵都打落到水中来。朝廷官兵自然都是装备精良的，但是他们不熟悉水性，也缺乏水上作战的能力，而水泊梁山的将士武艺高强，特别是游泳的技能突出，自然就拔得胜利的头筹了。

四、《水浒传》中的球类文化

《水浒传》中的太尉高俅，其能够迅速地攀登到北宋朝廷的权力巅峰，关键就在于高俅能够投其所好，和宋徽宗赵佶玩蹴鞠玩得十分默契。《水浒传》把蹴鞠称为蹴气球。蹴鞠自古有三种形式：散踢、双球门的竞技和单球门的竞技。南北朝时期后，双球门的蹴鞠竞技基本已经不流行，而单球门的蹴鞠以及散踢一直沿袭到后世。宋代的笔记中就有很多民间蹴鞠散踢的记录，皇帝和平民都喜欢玩蹴鞠。不过《水浒传》中谈到高俅因为蹴鞠技艺高超而蒙幸拔擢，平步青云而位极人臣，其实也与史书所载吻合。史书记载，宋徽宗政和七月，原来担任殿前都指挥使的高俅，出任太尉，太尉就是署理宋朝全国军事事务的最高级别的中央军事官员，手握重兵虎符。而小说《水浒传》则是讲述高俅经由苏东坡引荐给王晋卿，而王晋卿让高俅赠送美玉给端王爷，端王爷刚好在院中玩蹴鞠，这位端王爷日后则成了君临天下的宋徽宗，而这样的巧遇也使得高俅有机会接触天颜，位列三公。《水浒传》中把高俅描绘成一个无所作为的浪荡人士，与史实则不符合，高俅实际上是一位书童出身的官员。而实际上，蹴鞠游戏应该是当时贵族子弟喜欢的游戏，不仅仅是一种宴乐表演。《水浒传》当中的五十一回谈到高俅的亲戚——高廉的小舅子殷天锡，就是一个纨绔子弟，领着闲散的懒汉二三十人，拿着川弩、气球、粘竿、乐器、弹弓等物品，在城里城外到处游玩一番。从这里看，高俅等人玩的蹴气球，不仅仅是贵族、尊贵如同端王爷一类人士戏耍的玩意，更是这些统治阶级以外的散漫纨绔子弟戏耍的活动。这种踢球的游戏，在《水浒传》小说的创作者施耐庵眼里，显然只是一种很低层次的游戏。从施耐庵刻意把高俅从一个工于笔札的学士门人变成一个浮浪帮闲的纨绔子弟来看，元代末年明代初年的蹴鞠，已经是一种平民游戏，并不是什么高级的宴乐活动了。从这个情况看，蹴鞠这种球类活动的平民化更进一步地促进了人民体育文化的多样性。

五、结　语

《水浒传》这部小说虽然重点是在描绘英雄好汉的慷慨悲歌，但是里面的体育文化活动显然是比较频密的。这表明了虽然宋徽宗执政时期中国的外交并不是那么强盛，但是国力仍然强盛，特别是百姓的体育文化活动多样，如《水浒传》中所描绘的相扑、厮打、徒手搏击、射箭、蹴气球等类型。研读《水浒传》，可以更进一步了解北宋时代的体育文化活动。

‖作品来源‖

发表于《芒种》2013 第 14 期。

敬　启

　　《中外文化文学经典系列》是由常汝吉、李小燕主编，众多一线教师参与选编的一套大型的中学生阅读指导丛书，旨在提高中学生文学素养，使他们能从多角度了解这些文学经典著作，引导他们建立发散性的阅读思维，让他们了解中外文化文学经典著作的深刻精髓，终身受益。

　　本丛书在选编过程中，得到许多著作权人的理解和支持，欣然允诺我们选编，在此表示衷心的感谢。由于本丛书选编工作量浩大，涉及著译者甚广，我们实难一一查实。恳请本书中我们未能及时取得联系的著译者理解我们的求全之心，以免本书遗珠之憾。为保护著作权人的合法权益，我们将稿酬专账暂留我社，敬请相关作者与我们接洽并给予我们谅解。

联系人：王老师

电　话：010-64251036

现代教育出版社

2018 年 1 月